U0839574

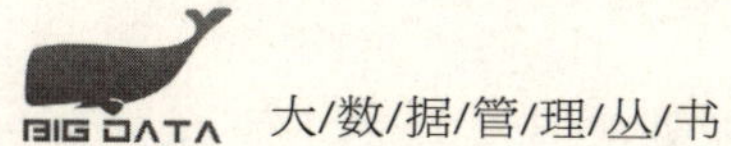

实体识别技术

申德荣　寇月　聂铁铮　于戈　编著

图书在版编目（CIP）数据

实体识别技术 / 申德荣等编著 . —北京：机械工业出版社，2017.9
（大数据管理丛书）

ISBN 978-7-111-58161-1

I. 实… II. 申… III. 数据处理 IV. TP274

中国版本图书馆 CIP 数据核字（2017）第 243365 号

本书基于作者多年对数据集成的相关研究工作，从多角度阐述实体识别技术，主要包括相似度计算算法、实体识别的分块技术、典型的基于机器学习的实体识别技术和基于关系的实体记录识别技术，以及新型的实体识别技术（包括基于时间的实体识别技术、基于众包的实体识别、隐私保护下的实体识别）等内容。全书深入浅出、案例丰富，适合数据集成等方向的研究生阅读，也能为相关领域研究人员和开发人员提供重要参考。

出版发行：机械工业出版社（北京市西城区百万庄大街 22 号 邮政编码：100037）

责任编辑：佘 洁 责任校对：李秋荣

印 刷：北京诚信伟业印刷有限公司 版 次：2017 年 10 月第 1 版第 1 次印刷

开 本：170mm×242mm 1/16 印 张：13.5

书 号：ISBN 978-7-111-58161-1 定 价：69.00 元

凡购本书，如有缺页、倒页、脱页，由本社发行部调换

客服热线：（010）88378991 88361066 投稿热线：（010）88379604

购书热线：（010）68326294 88379649 68995259 读者信箱：hzjsj@hzbook.com

丛书前言

当下大数据技术发展变化日新月异，大数据应用已经遍及工业和社会生活的方方面面，原有的数据管理理论体系与大数据产业应用之间的差距日益加大，而工业界对于大数据人才的需求却急剧增加。大数据专业人才的培养是新一轮科技较量的基础，高等院校承担着大数据人才培养的重任。因此大数据相关课程将逐渐成为国内高校计算机相关专业的重要课程。但纵观大数据人才培养课程体系尚不尽如人意，多是已有课程的“冷拼盘”，顶多是加点“调料”，原材料没有新鲜感。现阶段无论多么新多么好的人才培养计划，都只能在 20 世纪六七十年代编写的计算机知识体系上施教，无法把当下大数据带给我们的新思维、新知识传导给学生。

为此我们意识到，缺少基础性工作和原始积累，就难以培养符合工业界需要的大数据复合型和交叉型人才。因此急需在思维和理念方面进行转变，为现有的课程和知识体系按大数据应用需求进行延展和补充，加入新的可以因材施教的知识模块。我们肩负着大数据时代知识更新的使命，每一位学者都有责任和义务去为此“增砖添瓦”。

在此背景下，我们策划和组织了这套大数据管理丛书，希望能够培养数据思维的理念，对原有数据管理知识体系进行完善和补充，面向新的技术热点，提出新的知识体系/知识点，拉近教材体系与大数据应用的距离，为受教者应对现代技术带来的大数据领域的新问题和挑战，扫除障碍。我们相信，假以时日，这些著作汇溪成河，必将对未来大数据人才培养起到“基石”的作用。

丛书定位：面向新形势下的大数据技术发展对人才培养提出的挑战，旨在为学术研究和人才培养提供可供参考的“基石”。虽然是一些不起眼的“砖头瓦块”，但可以为大数据人才培养积累可用的新模块(新素材)，弥补原有知识体系与应用问题之前的鸿沟，力图为现有的数据管理知识查漏补缺，聚少成多，最终形成适应大数据技术发展和人才培养的知识体系和教材基础。

丛书特点：丛书借鉴 Morgan & Claypool Publishers 出版的 Synthesis Lectures on Data Management，特色在于选题新颖，短小精湛。选题新颖即面向技术热点，弥补现有知识体系的漏洞和不足(或延伸或补充)，内容涵盖大数据管理的理论、方法、技术等诸多方面。短小精湛则不求系统性和完备性，但每本书要自成知识体系，重在阐述基本问题和方法，并辅以例题说明，便于施教。

丛书组织：丛书采用国际学术出版通行的主编负责制，为此特邀中国人民大学孟小峰教授(email：xfmeng@ruc. edu. cn)担任丛书主编，负责丛书的整体规划和选题。责任编辑为机械工业出版社华章分社姚蕾编辑(email：yaolei@hzbook. com)。

当今数据洪流席卷全球，而中国正在努力从数据大国走向数据强国，大数据时代的知识更新和人才培养刻不容缓，虽然我们的力量有限，但聚少成多，积小致巨。因此，我们在设计本套丛书封面的时候，特意选择了清代苏州籍宫廷画家徐扬描绘苏州风物的巨幅长卷画作《姑苏繁华图》(原名《盛世滋生图》)作为底图以表达我们的美好愿景，每本书选取这幅巨卷的一部分，一步步见证和记录数据管理领域的学者在学术研究和工程应用中的探索和实践，最终形成适应大数据技术发展和人才培养的知识图谱，共同谱写出我们这个大数据时代的盛世华章。

在此期望有志于大数据人才培养并具有丰富理论和实践经验的学者和专业人员能够加入到这套书的编写工作中来，共同为中国大数据研究和人才培养贡献自己的智慧和力量，共筑属于我们自己的“时代记忆”。欢迎读者对我们的出版工作提出宝贵意见和建议。

大数据管理丛书

主编：孟小峰

大数据管理概论

孟小峰　编著

2017 年 5 月

异构信息网络挖掘：原理和方法

[美]孙艺洲(Yizhou Sun)　韩家炜(Jiawei Han)　著

段磊　朱敏　唐常杰　译

2017 年 5 月

大规模元搜索引擎技术

[美]孟卫一(Weiyi Meng)　於德(Clement T. Yu)　著

朱亮　译

2017 年 5 月

大数据集成

[美]董欣(Xin Luna Dong)　戴夫士·斯里瓦斯塔瓦(Divesh Sriva-stava)　著

王秋月　杜治娟　王硕　译

2017 年 5 月

短文本数据理解

王仲远　编著

2017 年 5 月

个人数据管理

李玉坤　孟小峰　编著

2017 年 5 月

位置大数据隐私管理

潘晓　霍峥　孟小峰　编著

2017 年 5 月

移动数据挖掘

连德富　张富峥　王英子　袁晶　谢幸　编著

2017 年 5 月

云数据管理：挑战与机遇

[美]迪卫艾肯特・阿格拉沃尔(Divyakant Agrawal)　苏迪皮托・达斯(Sudipto Das)　阿姆鲁・埃尔・阿巴迪(Amr El Abbadi)　著

马友忠　孟小峰　译

2017 年 5 月

大数据、小数据、无数据：网络世界的数据学术

[美]克莉丝汀 L. 伯格曼(Christine L. Borgman)　著

孟小峰　张祎　赵尔平　译

2017 年 8 月

实体识别技术

申德荣　寇月　聂铁铮　于戈　等编著

2017 年 10 月

前言

在大数据时代，数据驱动的数据分析与挖掘已成为各领域决策的客观依据。然而，由于不同的数据源有不同的描述实体的方式，并且可能存在拼写错误、缩写方式不同、描述格式不同、属性值缺失、属性值随着时间演化等特点，导致描述真实世界同一实体的不同数据对象存在差异。实体识别将一个或多个数据源中描述真实世界同一实体的数据对象识别出来，提升集成的大数据资源的质量。

实体识别最早出现在人口普查和医疗卫生等社会公共服务领域，很早就受到公共机构的重视和依赖，从而促进了实体识别的研究。实体识别已经有几十年的研究历史，出现了许多有效的实体识别技术。在大数据时代的今天，实体识别在多个领域有着广泛的应用需求，包括客户关系管理、人口普查、医疗卫生、网购比价、国家安全、引文数据库、垃圾邮件检测、关联的数据(Linked Data)、机器阅读等。

本书作者多年来一直从事数据集成相关研究，实体识别是提升数据集成质量的关键技术之一。在国家 973 计划、国家自然科学基金、国家 863 计划等课题的支持下，作者分别针对关系数据对象识别、复杂数据空间中的数据对象识别、具有时间特性的数据对象识别、隐私保护下的数据对象识别等方面进行了深入研究。本书基于已有相关研究，综述了当前已有的实体识别技术，目的是为相关研究者提供一定借鉴作用。

本书共分八章，主要内容包括概述、相似度计算算法、实体识别的分块技术、典型的基于机器学习的实体识别技术和基于关系的实体识别技术，以及新型的实体识别技术(包括基于时间模型的实体识别、基于众包的实体识别、隐私保护下的实体识别)等。

本书由东北大学计算机科学与工程学院计算机科学系申德荣、寇月、聂铁铮、于戈等撰写。其中，申德荣、于戈负责本书前言部分，申德荣、于戈、孙琛琛负责第 1 章，韩姝敏、寇月负责第 2 章，聂铁铮负责第 3 章，孙琛琛、聂铁铮负责第 4 章，寇月负责第 5 章，申德荣、韩姝敏负责第 6 章，孙琛琛、韩姝敏负责第 7 章，申德荣、孙琛琛负责第 8 章。参加本书撰写的还有硕士研究生刘宏、汪潜等。全书由申德荣统稿，由于戈教授主审。

我们在撰写本书过程中，覆盖了经典实体识别技术和新型的实体识别技术，跟踪了该学科的新发展和新技术，力求本书具有先进性和实用性。但由于作者学识有限，一定存在许多不足之处，敬请专家和学者批评指正。

目 录

第1章

概　述

1.1 实体识别问题的提出

大数据时代，数据生成的速度和更新频率远超过去[1]，商业组织、公共部门和政府部门都在面临大量数据的冲击，高效地处理和分析这些数据有助于商业决策、公共政策制定、政府职能提升和国家安全维护。数据管理与数据挖掘是数据研究的核心领域。数据管理聚焦于高效地集成、存储和查询海量数据；数据挖掘则致力于从已有的数据中发掘潜在的信息和价值。

在大规模信息系统和大型的数据挖掘项目中，经常需要将来自多数据源的数据进行集成，提高数据质量，实现数据信息互补，为后续的数据分析与挖掘提供一个完整的、干净的、统一的数据集。集成后的数据集比之前分裂的多个数据集的价值更大，可以从中挖掘出更多的知识，为用户提供更多有价值的信息。在此过程中，一个非常重要的步骤是实体识别[2-13]，即将描述相同真实世界实体的不同数据对象识别出来，从而在数据融合时，能够将描述相同实体的数据对象合并成一个干净的、统一的、健全的数据记录，提高集成数据的质量。

实体识别的直接原因是数据冗余的存在。根据数据源是否单一，可以将数据冗余分为两类：单数据源数据冗余和跨数据源数据冗余。单数据源数据冗余通常由于在加入新的数据记录的时候没有执行严格的重复检测或者完全没有执行重复检测。比如，一个大型商场(在不同城市有分店)的客户信息记录，同一个客户可能进行了多次客户信息登记，而接待人员没有发现这些重复登记。造成这个状况的原因多种多样，如每次登记的姓名有差别、工作单位不同、家庭住址不同等。跨数据源的数据冗余则更加显而易见，当将多个数据集合成一个数据集时，来自不同数据集的数据记录很有可能描述相同的实体。比如，两家公司实行合并后，对它们的客户信息进行整合，需要将他们共同的客户信息找出来。跨数据源的实体识别中，模式匹配是前提。

实体识别中的数据对象(即数据记录)描述真实世界的实体，通常包括多个属性，如姓名、年龄和地址等。这里的数据对象是结构化的，符合一定的数据格式，比如客户信息的数据记录包括姓名属性、年龄属性、电话号码属性、地址属性和工作单位属性。实体识别中最常见的一类数据对象是描述人的数据对象，如商业数据库中的客户记录、公司数据库中的员工记录、航空公司数据库中的乘客记录、医院数据库中的病人记录和医疗保险记录、国家安全部门数据库中的嫌疑犯记录和政府数据库中的纳税人记录等[8]。除了人，还有其他的实体类型，如商业记录、出版记录、引文记录、产品记录等。例如，在商品比价应用中，由于不同电商网站的描述格式不同，识别出哪些商品记录描述着相同的商品有一定难度；还有引文记录中的会议(或出版社)全称和缩写的识别、作者单位全称与简称的识别等[8]。

1.2 实体识别研究的发展历史

实体识别起源于统计学家和公共健康研究领域，在单数据库内或多数据库中识别对应同一实体的重复记录。1946 年，Dunn 应用术语“记录链接”（record linkage）[14]来描述现实世界中每一个个体的生命溯源，即从生到死整个生命周期中个体所经历的信息，如健康信息、社会保障、结婚、离婚等记录信息。20 世纪 50 年代末和 60 年代初，Howard Newcombe 等[15-16]提出应用计算机自动处理实体识别过程，并提出了基于概率的记录链接方法的成功理念。基于 Newcombe 的思想，在 1969 年，两个统计学家 Ivan Fellegi 和 Alan Sunter[17]为实体识别引入了正式的数学模型。

1999 年，由学者 Winkler[18]扩展并提高了最初的模型，最显著的工作是引入了字符串近似比较函数[19]来捕捉字符串的变化情况，以及应用期望(EM)算法[20]来改进概率记录链接中匹配参数的估计。同时，数据库研究团队从数据清洗需求出发，提出了重复记录识别技术[21]，用于改进数据库的质量[22]。但是，数据库研究者并没有采用由 Fellegi 和 Sunter 提出的基于概率的匹配方法，而是应用近似串比较函数计算属性相似度[23-24]，并通过属性比较来发现相似的记录[21,25]。

随着数据的丰富，计算机领域中有关实体识别的研究备受关注，尤其是在数据挖掘、机器学习和信息获取领域。此外，数据库和数据仓库研究团队[26]相应地也提出了一些新的实体识别技术[27]，如利用机器学习、自然语言处理和基于图的方法来改进数据质量。除此之外，近些年来还呈现出了面向时间记录的实体识别[28-29]，改善具有时间演化特性的同一实体的识别准确性；基于众包的实体识别[30-31]，通过混合人机来提升实体识别的准确性。同时，隐私保护下的实体识别[32,33]也成为了关注热点，以支持隐私数据的实体识别。

根据识别对象的数据源的种类划分，已有的实体识别工作主要包括：在关系数据库、Deep Web 数据库上的实体(记录)识别[34]；Web 上的实体识别[35-36]；语义 Web(RDF 数据)上的实体识别[37-38]；数据仓库中的实体识别[39-40]；非结构化文档中的实体识别[41]；复杂数据如 XML 数据、图数据、复杂网络上的实体识别[42]；社会网络中的实体识别[43-44]。

由于实体识别一直被各个领域从不同的方面研究，包括统计学领域、信息检索领域、人工智能领域、机器学习领域、数据库领域和工业界等，各种方法尤其是结构化数据上的识别方法相继被提出。在统计学和人工智能领域，已有的研究主要是把它看成一种分类问题，主要是基于统计和机器学习的方法(监督的方法和非监督的方法)。而在数据库领域，已有的方法通常是使用基于规则的方法。在不同的文献和研究领域中实体识别的英文名称有好多种，如 entity resolution、entity matching、fuzzy matching、fuzzy join、fuzzy duplicate elimination、approximate join、approximate string join、approximate matching、record linkage、merge/purge、identity uncertainty、duplicate identification、duplicate detection、record deduplication、coreference resolution、reference reconciliation、object identification 和 object matching 等，相应地中文名称也有很多，如重复探测、记录链接、对象区分、引用区分、引用协调、对象统一和实体统一等。

1.3 实体识别问题的描述

随着实体识别研究的深入，研究者对实体识别问题具有了统一认识，即实体识别是识别出对应同一真实世界实体的重复数据对象。通常，将一个真实世界的实体记作 χ，将一条描述实体的数据对象记作 r。一个数据对象通常包含多个属性，比如说，一个人可以通过姓名、生日、性别、婚姻状态、电话号码和地址等来描述。在“脏”数据集中，可能会存在多个数据对象描述同一实体；由于书写方式的多样性和拼写错误，描述相同实体的多个数据对象不一定字面上完全相同。如果两个数据对象描述相同的实体，那么这两个数据对象是重复的或冗余的或匹配的。实体识别问题的正式定义如下。

定义 1.1（实体识别） 给定一个脏数据集 $R=\{r\}$，实体识别就是利用一个数据对象-实体映射函数 $\varphi(r)=\chi$ 来确定描述同一实体的所有

数据对象，记作 $\Phi(R)=\{\{r|\varphi(r)=\chi\}|r\in R, \chi\in X\}$。其中，$X$ 是一个真实世界实体的集合，该集合并不需要是已知的。数据对象-实体映射函数 $\varphi(r)=\chi$ 将一个数据对象 r 映射到它所描述的实体 χ。然而，实体 χ 并不需要是已知的，实体识别只需要知道哪些数据对象对应相同的实体。比如，$\varphi(r_1)=\varphi(r_2)$，那么数据对象 r_1 和 r_2 描述相同的真实世界实体。

例如，如表 1-1 所示，数据集 $R=\{r1, r2, \cdots, r10\}$，$X=\{e1, e2\}$，则 $\Phi(R)=\{\{r1, r2, r3, r4, r5\}, \{r6, r7, r8, r9, r10\}\}$，$\varphi(r1)=\varphi(r2)=\varphi(r3)=\varphi(r4)=\varphi(r5)=e1$，$\varphi(r6)=\varphi(r7)=\varphi(r8)=\varphi(r9)=\varphi(r10)=e2$。

表 1-1 DBLP 中文章作者信息片段

eid	rid	Name	affiliation	Co-authors	year
*e*1	*r*1	Xin Dong	Univ of Washington	Halevy，Tatarinov	2004
*e*1	*r*2	Xin Dong	Univ of Washington	Halevy	2005
*e*1	*r*3	Xin Luna Dong	Univ of Washington	Halevy，Yu	2007
*e*1	*r*4	Xin Luna Dong	AT & T Labs-Research	Das Sarma，Halevy	2009
*e*1	*r*5	Xin Luna Dong	AT & T Labs-Research	Naumaunn	2010
*e*2	*r*6	Dong Xin	Univ of Illinois	Han，Wah	2004
*e*2	*r*7	Dong Xin	Univ of Illinois	Wah	2007
*e*2	*r*8	Dong Xin	Microsoft Research	Wu，Han	2008
*e*2	*r*9	Dong Xin	Microsoft Research	Chaudhuri，Ganti	2009
*e*2	*r*10	Dong Xin	Microsoft Research	Ganti	2010

需要指出的是，实体识别不同于自然语言处理中的命名实体识别(Named Entity Recognition，NER)和实体链接(Entity Linking)。命名实体识别是信息抽取的一个子任务，是指判断出文本中命名实体属于哪一类(提前定义好的)命名实体；实体链接是将文本中有歧义的实体指称项链接到给定的知识库中，从而实现实体歧义的消除。

1.4 实体识别的处理流程

如图 1-1 所示，实体识别主要包括三个步骤：数据分块、数据对象相似度计算和数据对象对匹配决定。

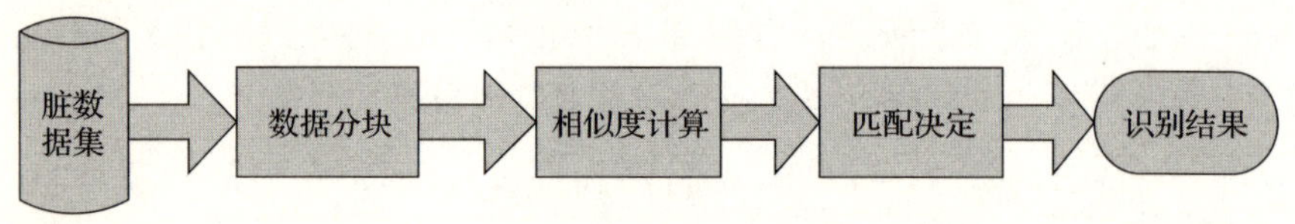

图 1-1 实体识别流程

首先，数据分块也称为数据索引，用于缩小搜索空间，减少无用的数据对象比较，提升识别速度。典型的数据分块技术有基于键值的分块方法、基于滑动窗口的分块方法、基于聚类的分块方法、基于值的分块方法等。数据分块是一个可选步骤。

其次，实体识别的一个重要环节是计算数据对象之间的相似度，如果一个数据对象对的相似度越大，该数据对象对匹配的可能性越大；相似度计算要用到相似度计算函数，具体见第 2 章。

最后，当获得了数据对象相似度之后，需要利用数据对象相似度来决定数据对象之间是否匹配(重复)，当前已有多种匹配决定的方法，典型的有基于阈值的决定方法、基于分类的决定方法和基于聚类的决定方法。

1.5 实体识别的挑战

在单个数据源或多个数据源中，将描述相同实体的不同数据对象识别出来存在一些挑战。接下来将介绍这些挑战。

1.5.1 相似度衡量问题

通常来说，待匹配的数据集之间不存在统一标识符(即 ID)，比如身份证号、社保号、商品唯一编号等。如果存在这样的统一标识符，那么实体识别将变成数据库连接操作。然而，现实世界的数据集中很少包含统一标识符，因此，为了进行实体识别，需要衡量数据对象的相似性。实体识别中的数据集通常都不是高质量的，它们可能包含错误属性、相同属性的不同表示形式、随着时间改变的属性(如年龄、联系电话)等。鉴于上述原因，实体识别中比较数据对象的属性时，不能采用精确的相似度比较函数(即返回布尔型结果)，而需要采用能衡量出属性值有多相似的相似度函数(返回介于 0 和 1 之间的数值，越接近于 1 代表越相似，反之则越不相似)。针对不同类型的属性，相似度衡量的方法应该不同。比如姓名经常存在不同的书写格式和不同的缩写形式，文章的标题通常是一个较长的字符串，年份、价格等数值型属性的相似度衡量不同于字符串等[45]。本书第 2 章将介绍不同的相似度函数，可用于不同的属性比较，从而解决不同的实体识别任务。

1.5.2 计算效率问题

给定两个数据集，其数据规模分别为 m 和 n，那么实体识别的比较次数为 $m\times n$。对于单数据源的情况，给定一个数据规模为 l 的数据集，那么需要进行 $l(l-1)/2$ 次的比较。通过上述分析可以发现，这种方式的实体识别随着数据规模的增长，其计算开销以平方级的方式增长。当数据量比较大的时候，这样大的开销是无法接受的。为此，应该快速、有效地去除掉不可能匹配的数据对象对，只保留那些有可能匹配的数据对象对。实体识别中分块技术的作用就是降低计算开销，通过分块技术只将可能匹配的数据对象分到相同的块中。本书第 3 章将介绍分块技术。

1.5.3 机器学习方法的应用问题

通过机器学习方法可以训练出实体识别模型的参数值和匹配规则，以避免人工确定字段权重和匹配阈值。基于机器学习的实体识别方法[49-54]主要可分为两类：基于分类器的实体识别方法和基于概率图模型的实体识别方法。基于分类器的实体识别方法将实体识别看作一个分类问题，即给定两个数据对象，判断两者是否匹配。一般情况下，这些待匹配的数据对象被看作独立且均匀分布的。常见的分类方法有决策树、贝叶斯分类器、支持向量机、主动学习、误差逆传播、遗传编程等。与基于分类器的实体识别方法不同，基于概率图模型的实体识别方法认为对象之间并非孤立，而是存在某种内在联系，利用这种内在联系可以避免对实体的孤立式匹配决策。这类方法将实体之间的内在联系表达为概率图模型，通过推理和学习来实现联合式实体识别，具体包括基于马尔可夫逻辑网络的实体识别和基于条件随机场的实体识别。为了达到较好的效果，需要选择和建立合适的机器学习模型。本书第 4 章将介绍基于机器学习的实体识别方法。

1.5.4 关联对象的识别问题

现实世界中存在很多关联的数据，分为多类型关联数据和单类型关联数据。多类型关联数据包含多种类型的数据对象，彼此之间存在一定的关联关系，比如引文数据集中包括文章、作者、会议等，电影数据集中包括电影、导演、演员、出品公司等。由于不同数据对象之间存在依赖关系，当识别出一些数据对象后，与这些数据对象关联的其他数据对象的相似性会变大，从而实现了相似性传播[55,56]。可见，利用这种不同类型的数据对象之间的关联关系，可以实现更准确的实体识别。单类型的关联数据只包含一种相互关联的数据对象，比如社交网络和学术合作网络等。另外，实体识别中的特殊情况是不同实体同名(称为实体消歧或名字消歧)，比如 DBLP 数据库中有超过 50 个名叫 Wei Wang 的作者[57]。在单类型的关联数据中，描述不同实体的数据对象与其他数据对象的关联强度不同，这些特性有助于解决实体消歧的问题。本书第5章将介绍基于关系的实体识别。

1.5.5 一些新的挑战

一些待识别的数据集的数据对象包含了时间戳或一些与时间相关的属性，这些属性描述了某个特定时间上实体的特征。比如，DBLP 数据库有作者的相关信息：作者姓名、工作单位、合作者和年份，作者姓名、工作单位和合作者等属性都可能随着时间推移而发生演化，例如，姓名变化如 Xin Luna Dong→Luna Dong；工作单位变更如 University of Washingtion→Google，合作者变化如 Halevy，Yu→Naumamn。上例中，同一属性在不同时间可能取不同的值，也就是说单纯的属性相似度无法准确反映数据对象的相似性。在识别这类数据时，需要考虑属性的演化特性[28,29]。如何利用时序信息和属性的演化信息来帮助实体识别是一个有意义的研究问题。

一些实体识别任务的难度非常大，单靠计算机的算法本身无法解决，比如涉及图片的实体识别。近年来，众包(Crowdsource)逐渐受到工业界和学术界的重视。众包就是借助互联网上大众的智力来解决一些计算机不能独立完成的任务。就实体识别而言，人通常可以比计算机更准确地判断两个数据对象是否描述相同的实体。如何利用众包来帮助计算机进行实体识别是一个新的研究问题[30,31]。

实体识别在金融、医疗、政府等领域具有广泛的应用。但是，当数据对象涉及个人隐私或敏感信息时，必须要考虑数据对象的隐私保护问题。例如，在分散的医疗体系中，某人的医疗信息可能分布在多个医院，找出同一个人在不同医院的诊断信息有利于更准确地分析病情，但由于涉及患者隐私，各医院并不希望暴露患者的医疗信息。在这种情况下，实体识别方法应当既找出某位患者在各医院的医疗信息，又保证各医院其他患者的医疗信息不被泄露[32,33]。如何在隐私保护的前提下进行实体识别也是一个重要的研究问题。

本书第 6 章将介绍基于众包的实体识别、基于时间模型的实体识别和隐私保护下的实体识别。

1.5.6 实体识别评估

如何合理地评估识别结果的精确性和实体识别效率对于实体识别研究非常关键。同时，要评估实体识别方法，需要已知真实结果的数据集，如何获取有公信力的数据集也是实体识别评估的一个重要方面。本书第 7 章将介绍实体识别评估。

1.6 实体识别的应用

实体识别有着广泛的应用，如医疗卫生、人口普查、客户关系管理、网购比价、商业欺诈侦查、关联的开放数据和引文数据库等。实体识别对于大型的信息系统、政府部门、公共部门、商业组织和研究机构等都有着重要作用。

1.6.1 医疗卫生

医疗卫生是实体识别最早的应用领域之一，已经有几十年的应用历史，它也是推动实体识别研究的重要领域。一个人的一生当中会产生大量的医疗记录，这些医疗记录可能来自医生、医院、体检中心和医疗保险公司等。如果能将这些医疗记录匹配起来，就形成了一张医疗图谱。如果能将很多人的医疗图谱构建出来，对于医药研究的意义非凡。匹配的医疗数据可以用于新的医疗研究，减少新的数据获取的开销。比如，可以用于调查特定病人群体中的药物副作用反应。

英国的牛津记录链接研究开始于20世纪60年代，该项目致力于研发基于计算机的记录链接技术，并将该技术应用于大约350 000人的出生、死亡和医疗数据。这样就可以研究特定的疾病之间的关联关系，利用纵向的匹配数据可以分析不同职业的死亡率、移民情况和相关的社会经济学的因素。从20世纪90年代中期开始，澳大利亚进行了一个比较成功的医疗数据匹配项目。该项目将来自不同数据源的医疗记录以及一些非医疗记录匹配起来，为每个个体形成了一系列的匹配记录。从1995年到2003年，这个项目共输出700多项成果，其中包括一些卓越的成果：医疗政策的改革和诊所条例的更改。一些其他国家也实施了类似的医疗数据匹配项目。然而，医疗数据涉及病人的隐私信息，因此在进行实体识别时需要考虑隐私保护问题。

1.6.2 人口普查

人口普查是世界各国的一项基本公共事务。人口普查的数据涉及人口、文化、经济和环境等方面的信息。这些信息可以生成各种各样的统计报告，这些报告可以帮助政府和商业组织规划资金和资源的配置。实体识别技术是人口数据统计的一个重要工具。实体识别有助于复用已有数据集来编辑新的人口数据，从而减少管理大型人口数据集的开销。同时，在实体识别过程中，可以发现和纠正信息冲突和弥补信息缺失等，有助于提高数据质量和完整性。利用实体识别可以将不同年份获得的人口普查数据集匹配起来，从而生成纵向数据集，为公共及政府部门提供刻画人口的各种特征及其随时间的变化情况。在不同的国家，有不同的法律和法规规定什么样的数据可以进行实体识别。比如在澳大利亚，人口普查数据中的姓名和地址信息必须在收集后的一年内销毁。诸如此类的限制为构建纵向的数据带来了巨大的挑战，因为实体识别通常要依赖姓名、年龄、性别、宗教、职业、住址和工作单位等。美国人口普查局是最早采用实体识别技术的组织之一，同时该组织在较长的时期内都在实体识别研究中处于领先地位。美国人口普查局要处理的数据量在亿级，因此该组织很早就提出针对大规模数据的分布式实体识别技术。

1.6.3 客户关系管理

大型商业组织通常会以不同的形式收集客户的相关信息。大型商业组织通常可能有不同的分支机构，如网上商店、在不同城市的实体店、售后服务机构、VIP专项服务部门和广告推送部门等。每个分支机构都可能与客户产生联系，生成一些客户信息记录，并存储在各自的本地数据库中。这样一来，某位客户的信息可能会保存在该商业组织的不同分支机构的数据库中，导致不同分支机构的数据库中可能包含重复的客户记录。商业组织通常采用客户关系管理系统来管理海量客户的诸多信息。当客户关系管理系统收集客户的全部信息时，需要识别出描述相同客户的所有客户记录，以精准推送产品和服务广告，同时也避免因存在重复的客户记录而导致的资源浪费现象。

客户数据的实体识别面临以下挑战。

1）当人们换了住址后，他们的地址发生了变化；当人们结婚或离婚后(欧美国家)，他们的姓氏会发生变化。这些情况会导致商业数据库中出现重复地描述相同客户的记录。

2）大多数的客户并不关心商业数据库中是否存在多条描述他们的重复记录，他们只关心自己购买的产品或服务是否到货。即便收到多份来自相同商业组织的推送广告，他们也很少会主动报告。

3）当多个商业组织要进行合作时，比如要进行联合商业推广，需要将各种商业组织数据库中的客户记录集成在一起，构建一个统一的客户信息数据库，在此过程中需要利用实体识别技术将重复的客户记录找出来。一般来说，在不同商业组织的数据库中，客户记录的格式是不同的，可能存储了不同类型的信息，客户记录生成的时间也可能不同，这些情况都给客户记录的识别造成了极大的困难。

1.6.4 网购比价

随着互联网技术和电子商务的发展，越来越多的人习惯于从电商网站购买商品和服务。电子商务的繁荣催生了一个新的服务——网购比价。网购比价网站支持用户查询特定的商品或根据分类、价格或品牌来浏览商品。网购比价服务中面临的一个重大挑战是，如何确定来自不同电商网站的商品条目描述的是相同的商品。某些特定类型的商品有唯一标识符，比如图书有ISBN码、电子产品有EPC码。然而，大多数的商品(如衣服、家电、日用品等)并不存在唯一标识符，因此，这些商品在不同的电商网站的产品描述信息大不相同。如表1-2所示，四个来自不同电商网站的商品条目描述了相同的商品，然而，不仅它们的商品描述差异明显，而且它们的商品代码也十分不同。为了保证提供精确而全面的商品比价服务，比价网站必须准确找出所有描述相同商品的商品条目。相对于其他的实体识别应用，如人的姓名和地址等，商品条目的商品描述差异更大，因此需要采用完全不同的相似度计算函数。例如，表1-2中四个商品条目中商品描述的字符串相似性是比较明显的。然而，这个相机的商品名称与它的上一代(Canon PowerShot G10)的商品名称只差一位数字，即0和1。

表1-2 来自不同电商网站描述相同商品的四个商品条目

商品描述	商品代码
Canon PowerShot G11 10 MP Compact Camera-6.10mm-30.50mm	Item # 927909
Canon-PowerShot G-11 10.0 Mega pixel	Item# CANPSG11
PowerShot G11 Point & Shoot Digital Camera	Canon 3632B001
Canon PowerShot G11 10 Megapixel Compact Camera	MFG #: 3632B001

1.6.5 犯罪及欺诈侦查

实体识别技术是犯罪侦查信息系统的重要组成部分。利用复杂的信息系统，警察部门可以准确地确定嫌疑犯的身份。犯罪侦查领域中的实体识别不同于其他领域的实体识别，它面临的一个重大挑战是，犯罪嫌疑人会蓄意修改个人信息，从而避免被识别出来。如当面对执法人员的询问时，罪犯通常会提供篡改过的或虚构的个人信息，如地址、出生日期、虚构的社保号或驾驶证号码等。犯罪嫌疑人的蓄意修改使得修改后的个人信息与真实的个人信息(极有可能是另外一个人)看起来十分相像，从而误导执法部门的侦查。实体识别技术可以帮助侦察人员确定虚假的个人信息是否对应一个真实的人。通过对比已有的罪犯数据库和待确定的个人信息记录，侦察人员可以确定当前嫌疑犯的真实身份。通常来说，在这种应用中，对实体识别的执行效率有较高的要求，因为嫌疑犯的身份需要尽快确定。

随着商业模式的多样化和互联网商业的发展，身份欺诈造成的财产损失越来越多。实体识别技术可以帮助身份验证，减少身份欺诈。身份欺诈的数量在各个国家都在不断增长，给金融组织带来了数以亿级的财产损失，同时带来了恶劣的社会影响。身份欺诈是指行骗者通过虚假的身份获取了服务和收益的权限。随着电子财务交易和在线公共和政府服务的广泛应用，这些服务和交易的参与者的身份验证变得非常重要。通过对美国的3亿银行账号进行统计发现，90%的欺诈账号是通过虚构的身份开通的，75%的银行财产损失是由虚构身份的欺诈造成的。实体识别是身份验证系统的关键组成部分。具体来说，就是将待验证的身份信息与各种包含已验证的、准确的个人记录进行比较，判断是否真实存在此人或是否是某个人。已验证的数据库包括选择投票注册数据库、驾照数据库、社保数据库、电话登记数据库等。通过与这些已验证的数据库进行匹配，就可以得到全面真实的个人信息，从而评估当前的身份信息是否为真。

1.6.6 关联的开放数据

随着互联网的发展，Web上的数据越来越多，然而这些数据并没有有效地集成，也无法准确地查询。语义网(Semantic Web)的研究者提出了关联的开放数据(Linked Open Data，LOD)的概念。LOD的基本思路是：赋予每个数据对象一个URI，用HTTP协议将数据对象关联起来(通常是RDF三元组的形式)，最后将这些数据公开发布在Web上。LOD的目标是将来自各个数据源的Web数据集成起来，以便于用户快速查询和浏览。越来越多的数据源，如DBpedia、Freebase等加入到LOD项目中，使得用户可以方便地访问海量的信息。截至2014年8月，基于关联开放数据项目组织(LOD)发布的数据云图统计，已有约570个数据集，这些数据集之间通过2909个RDF链接。这些RDF链接中，有很大比例是链接两个匹配的数据对象，比如，Freebase中描述美国银行的数据对象与维基百科中描述美国银行的数据对象之间存在一个链接。LOD项目中的数据源涉及各个领域，包括公共服务领域、商业领域和科研领域等。这些数据源间经常会存在一定的交叠，这使得实体识别在LOD项目中不可或缺。最初的链接操作是人工进行的，今后将逐步地发展基于机器的链接操作。由于待链接的数据集常常是异构的，包含大文本属性，因此需要提出新的、特定的相似度函数。另外，由于数据量的巨大，实体识别算法的效率变得非常关键，需要提出快速的实体识别算法。

1.6.7 引文数据库

随着信息技术的发展，科研成果的发表逐渐电子化，大多数成果都提供了在线数据库的访问服务，比如Springer、Elsevier、ACM Digital Library和IEEE Xplore等。这些在线服务给科研人员带来了巨大的方便，使得科研人员在任何联网的地方都可以访问到海量的学术成果。这样的在线数据库被称为引文数据库。另外，一些在线机构(如Thompson Web of Knowledge)提供文献引用和影响因子分析等服务。引文数据库不仅加快了新的科研成果的传播速度，而且它对于科研资助基金的分配有着重大影响——越来越多的科研资助基金机构(包括政府的和企业的等)基于权威的引文数据库来分析和评价科研人员、研究小组和研究机构的学术成果和学术影响力。这样的学术评价方式将用于科研资助基金的分配以及科研人员的晋升。个人学术评价指标，如 h-index，根据科研人员的学术成果的引用情况来计算出一个数值，以此来评价科研人员的学术影响力。鉴于引文数据库对于学术成果传播和学术成果评价有着巨大的意义，引文数据库中的数据必须是高质量的，否则基于这些数据生成的学术评价指标将没有公信力。

引文数据是不断增长的，构建和维护引文数据库存在诸多挑战。一些大型的引文数据库包括了超过 25 000 000 条文献，维护起来十分困难。构建引文数据库的最大挑战是，数据库中很多作者的姓是一样的，名的缩写也是一样，甚至有很多这样的作者在同一个研究领域工作。即便提供了作者姓名的全称，也经常难以判断两篇文章是否是由同一作者发表。学术期刊和学术会议中的名字通常是缩写形式，而不是标准的全称，因此会导致同一个姓名的多种表达形式的出现。如表 1-3 所示，三条引文记录描述的是同一篇 VLDB 1994 学术会议上发表的文章，然而它们的字面表达有明显的差别。

表 1-3　描述同一篇学术论文的三条引文记录

引文记录
R. Agrawal, R. Srikant. Fast algorithms for mining association rules in large databases. In VLDB-94, 1994.
Rakesh Agrawal and Ramakrishnan Srikant. Fast Algorithms for Mining Association Rules. In Proc. of the 20th Int'l Conference on Very Large Databases, Santiago, Chile, September 1994.
Agrawal R., Srikant R. Fast algorithms for mining association rules in large databases. In VLDB Conference, 1994.

引文数据的一些特征使得它成为数据挖掘的热点研究对象。引文数据本身是公开发表的信息，因此在进行实体识别时不涉及隐私保护的问题。引文数据本身包括了多种类型的数据，如文章、作者、会议或期刊和作者工作单位等。利用这些多类型的数据对象，可以构建出一个异构的数据对象网络。在这个网络中，某一类型数据对象的匹配可以促进与之关联的其他数据对象的匹配。比如，两个作者记录的姓以及名的缩写相同，如果两者在同一大学工作，那么两者匹配的可能性比不在同一大

学工作的概率大。这样多类型同时识别称为联合式实体识别。

1.7 本章小结

本章从全局的角度介绍了实体识别技术的发展过程，给出了实体识别的问题描述以及实体识别的处理流程，详细地介绍了实体识别过程中涉及的挑战问题和实体识别技术在各个领域中的应用情况。

参考文献

[1] Mayer-Schönberger V, Cukier K. Big data: A revolution that will transform how we live, work, and think[M]. Boston: Houghton Mifflin Harcourt, 2013.

[2] Ganti V, Sarma A D. Data cleaning: A practical perspective[J]. Synthesis Lectures on Data Management, 2013, 5(3): 1-85.

[3] Koudas N, Sarawagi S, Srivastava D. Record linkage: Similarity measures and algorithms[C]. Proceedings of the 2006 ACM SIGMOD International Conference on Management of Data, 2006: 802-803.

[4] Elmagarmid A K, Ipeirotis P G, Verykios V S. Duplicate record detection: A survey[J]. IEEE Transactions on Knowledge and Data Engineering, 2007, 19(1): 1-16.

[5] Köpcke H, Thor A, Rahm E. Evaluation of entity resolution approaches on real-world match problems[C]. Proceedings of the VLDB Endowment, 2010, 3(1-2): 484-493.

[6] 郭志懋，周傲英．数据质量和数据清洗研究综述[J]. 软件学报，2002，13(11)：2076-2082.

[7] Benjelloun O, Garcia-Molina H, Menestrina D, et al. Swoosh: A generic approach to entity resolution[J]. The International Journal on Very Large Data Bases, 2009, 18(1): 255-276.

[8] Naumann F, Herschel M. An introduction to duplicate detection[J]. Synthesis

Lectures on Data Management，2010，2(1)：1-87.

[9] Thor A，Rahm E. MOMA - A mapping-based object matching system[C]. Proceedings of the Third Biennial Conference on Innovative Data Systems Research，2007：247-258.

[10] Singla P，Domingos P. Entity resolution with markov logic [C]. Proceedings of the Sixth International Conference on Data Mining，2006：572-582.

[11] Wellner A M B. Conditional models of identity uncertainty with application to noun coreference[C]. Proceedings of the 2004 Annual Conference on Neural Information Processing Systems ，2004：905-912.

[12] Culotta A，McCallum A. Joint deduplication of multiple record types in relational data[C]. Proceedings of the 14th ACM International Conference on Information and Knowledge Management，2005：257-258.

[13] Sarawagi S，Bhamidipaty A. Interactive deduplication using active learning[C]. Proceedings of the Eighth ACM SIGKDD International Conference on Knowledge Discovery and Data Mining，2002：269-278.

[14] Dunn H. Record linkage[J]. American Journal of Public Health，1946，36 (12)：1412.

[15] Newcombe H，Kennedy J. Record linkage：making maximum use of the discriminating power of identifying information[J]. Communications of the ACM 1962,5(11)，563-566.

[16] Newcombe H，et al. Automatic linkage of vital records[J]. Science，1959，130 (3381)：954-959.

[17] Fellegi I P，Sunter A B. A theory for record linkage[J]. Journal of the American Statistical Association，1969，64(328)：1183-1210.

[18] Winkler W E，Thibaudeau Y. An application of the Fellegi-Sunter model of record linkage to the 1990 U. S. decennial census[R]. Tech. Rep. RR1991/09，US Bureau of the Census，Washington，DC，1991.

[19] Porter E H，Winkler W E. Approximate string comparison and its effect on an advanced record linkage system[R]. Tech. Rep. RR97/02，US Bureau of the Census，1997.

[20] Winkler W E. Using the EM algorithm for weight computation in the Fellegi-Sunter model of recordlinkage[R]. Tech. Rep. RR2000/05，US Bureau of the

Census, Washington, DC,2000.

[21] Hernandez M A, Stolfo S J. The merge/purge problem for large databases[C]. ACM SIGMOD, 1995:127-138.

[22] Hernandez M A, Stolfo S J. Real-world data is dirty: Data cleansing and the merge/purgeproblem[J]. Data Mining and Knowledge Discovery, 1998, 2(1): 9-37.

[23] Rahm E, Do H H. Data cleaning: Problems and current approaches[J]. IEEE Data Engineering Bulletin, 2000, 23(4): 3-13.

[24] Monge A E. Matching algorithms within a duplicate detection system[J]. IEEE Data Engineering Bulletin, 2000, 23(4): 14-20.

[25] Monge A E, Elkan C P. The field-matching problem: Algorithm and applications[J]. ACM SIGKDD, 1996:267-270.

[26] Elmagarmid A K, Ipeirotis P G, Verykios V. Duplicate record detection: A survey[J]. IEEE Transactions on Knowledge and Data Engineering, 2007, 19(1): 1-16 .

[27] Winkler W E. Overview of record linkage and current research directions[R]. Tech. Rep. RR2006/02, US Bureau of the Census, Washington, DC,2006.

[28] Pei Li, Xin Luna Dong. Linking Temporal Records[C]. PVLDB, 2011, 4(11): 956-967.

[29] Y H Chiang, A Doan, J F Naughton. Modeling entity evolution for temporal record matching[C]. SIGMOD, 2014.

[30] 冯剑红，李国良，冯建华．众包技术研究综述[J]. 计算机学报，2015，38(9)：1713-1726.

[31] Jiannan Wang, Tim Kraska, et al. CrowdER: Crowdsourcing Entity Resolution[J]. PVLDB2012, 5(11): 1483-1494.

[32] V S Verykios, A Karakasidis, V Mitrogiannis. Privacy preserving record linkage approaches[J]. International Journal of Data Mining, Modelling and Management, 2009, 1(2): 206-221.

[33] D Vatsalan, P Christen, V S Verykios. A taxonomy of privacy-preserving record linkage techniques[J]. Inf. Systems, 2013, 38(6): 946-969.

[34] 寇月，申德荣，李冬等．一种基于语义及统计分析的 Deep Web 实体识别机制[J]. 软件学报，2008，19(2)：194-208.

[35] Ergin E, Min-Yen K, Lee D W, et al. Web based linkage[C]. In Proc. of WIDM, 2007:21-128.

[36] Kopcke A, Thor E, Rahm. Learning-based approaches for matching web data entities[J]. IEEE Internet Computing, 2010, 14(4): 23-31.

[37] W Hu, J F Chen, Y Z Qu. A Self-training approach for resolving object coreference on the semantic Web[C]. In Proc. of WWW ,2011:87-96.

[38] F Sais, N Pernelle, M Rousset. L2R: a logical method for reference reconciliation[C]. In Proc. of AAAI, 2007:329-334.

[39] Rohit A, Surajit C, V. Ganti. Eliminating fuzzy duplicates in data warehouses [C]. In Proc. of VLDB, 2002:586-597.

[40] Surajit C,Kris Ganjam, V Ganti, et al. Robust and efficient fuzzy match for online data cleaning[C]. In Proc. of SIGMOD, 2003:313-324.

[41] Surajit C,V Ganti, Dong Xin. Mining document collections to facilitate accurate approximate entity matching[J]. PVLDB, 2009,2(1): 395-406.

[42] Melanie Weis, Felix Naumann, et al. Industry-scale duplicate detection[C]. In Proc. of VLDB, 2008:1253-1264.

[43] M Bilgic, L Licamele, L Getoor, et al. D-Dupe: an interactive tool for entitiy resolution in social networks[C]. In Symposium on Graph Drawing, 2005:505-507.

[44] Malin. Unsupervised name disambiguation via social network similarity[C]. In Proc. of SIAM international conference on data mining(SDM),2005.

[45] Cohen W, Ravikumar P, Fienberg S. A comparison of string metrics for matching names and records [C]. Proceedings of the Kdd Workshop on Data Cleaning and Object Consolidation, 2003: 73-78.

[46] Christen P. A survey of indexing techniques for scalable record linkage and deduplication[C]. IEEE Transactions on Knowledge and Data Engineering, 2012, 24(9): 1537-1555.

[47] Hernández M A, Stolfo S J. The merge/purge problem for large databases[C]. ACM Sigmod Record, 1995, 24(2): 127-138.

[48] Hernández M A, Stolfo S J. Real-world data is dirty: Data cleansing and the merge/purge problem[J]. Data Mining and Knowledge Discovery, 1998, 2(1): 9-37.

[49] S Tejada, C Knoblock, S Minton. Learning object identification rules for information integration[J]. Information Systems, 2001, 26(8): 607-633.

[50] Elfeky M G, Verykios V S, Elmagarmid A K. Tailor: A record linkage toolbox [C]. In Proceedings of 18th International Conference on Data Engineering, 2002:17-28.

[51] W E Winkler. Methods for record linkage and bayesian networks[R]. Technical report, Series RRS2002/05, U. S. Bureau of the Census, 2002.

[52] William E Winkler. The state of record linkage and current research problems [R]. Technical report, Statistical Research Division, U. S. Census Bureau, 1999.

[53] M Bilenko, R Mooney. Adaptive duplicate detection using learnable string similarity measures[C]. In Proceedings of the 9th ACM SIGKDD International Conference on Knowledge Discovery and Data Mining,2003: 39-48.

[54] S Sarawagi, A Bhamidipaty. Interactive Deduplication Using Active Learning [C]. Proc. Eighth ACM SIGKDD Int'l Conf. Knowledge Discovery and Data Mining,2002: 269-278.

[55] Bhattacharya I, Getoor L. Deduplication and Group Detection using Links[C]. LinkKDD, 2004.

[56] Dong X, Halevy A, Madhavan J. Reference Reconciliation in Complex Information Spaces[C]. SIGMOD, 2005.

[57] Kalashnikov D, Mehrotra S. Domain-independent data cleaning via analysis of entity-relationship graph[C]. TODS, 2006.

第2章

相似度计算算法

相似度计算算法是实体识别中的核心基础算法，本章介绍基于字段(token)的相似度算法(Jaccard 相似度算法、基于 TF-IDF 相似度算法、基于 q-grams 的相似度算法)、基于编辑距离的相似度算法(Levenshtein 距离算法、Jaro 和 Jaro-Winkle 距离算法)、混合的相似度算法(扩展的 Jaccard 算法、Monge-Elkan 算法、Soft TF-IDF 算法)和其他的相似度算法。

2.1 基于字段的相似度算法

2.1.1 Jaccard 相似度算法

Jaccard 相似度[1]最早由 Paul Jaccard 提出，是一种最常见的评判相似程度的统计指标。Jaccard 相似度作用在两个集合上，其值为集合交与并的比值，见公式(2.1)。

$$\text{Jaccard}(A,B)=\frac{|A\cap B|}{|A\cup B|} \tag{2.1}$$

其中，A、B表示两个集合，$|A \cap B|$表示这两个集合的交集，$|A \cup B|$表示两个集合的并集。

应用Jaccard算法，字符串之间的相似度可表示为公式(2.2)：

$$\text{StringJaccard}(S_1, S_2) = \frac{|\text{tokenize}(S_1) \cap \text{tokenize}(S_2)|}{|\text{tokenize}(S_1) \cup \text{tokenize}(S_2)|} \tag{2.2}$$

其中，S_1、S_2代表两个待比较的字符串，函数tokenize(S)可以将字符串S转换为由字段(token)组成的集合{S_1，S_2，…，S_n}。

下面举个例子来说明Jaccard相似度在字符串上的应用。假设存在两个字符串S_1和S_2，S_1= "Thomas Sean Connery"，S_2= "Sir Sean Connery"，计算两个字符串的相似度。先由函数tokenize以空格作分隔，得到：

$$\text{tokenize}(S_1) = \{\text{Thomas}, \text{Sean}, \text{Connery}\}$$

$$\text{tokenize}(S_2) = \{\text{Sir}, \text{Sean}, \text{Connery}\}$$

然后利用公式(2.2)计算得到字符串S_1和S_2的相似度：

$$\text{StringJaccard}(S_1, S_2) = \frac{2}{4}$$

Jaccard相似度多用于检测无拼写错误字符串的相似度，且对于字符串内各token顺序的变化是不敏感的。

2.1.2 基于TF-IDF的相似度算法

余弦相似度计算[2]是基于字段的一种相似度计算方法，其计算如公式(2.3)所示：

$$\text{CosineSimilarity}(\boldsymbol{V}, \boldsymbol{W}) = \cos(\alpha) = \frac{\boldsymbol{V} \cdot \boldsymbol{W}}{\|\boldsymbol{V}\| \cdot \|\boldsymbol{W}\|} \tag{2.3}$$

其中，$\boldsymbol{V}$、$\boldsymbol{W}$是两个n维向量，这两个向量需要由TF-IDF方法求得。

TF-IDF(Term Frequency-Inverse Document Frequency)是一种统计方法，其主要思想是：如果某个词比较少见，但是它在这篇文章中多次出现，那么它很可能就反映了这篇文章的特性，则认为此词或者短语具有很好的类别区分能力，适合用来分类。TF(Term Frequency)表示某个词在文档中出现的频率，IDF(Inverse Document Frequency)与包含关键词 t 的文档数成反比，IDF 越大，说明 t 的类别区分能力越好。

在字符型属性值的相似度计算中，将属性值作为文档来处理，并用向量表示它们。设两个字符串型属性值向量形式分别为：$\boldsymbol{V}(a_1, a_2, \cdots, a_n)$，$\boldsymbol{W}(b_1, b_2, \cdots, b_m)$，TF-IDF 值的计算步骤如下。

步骤 1：应用统计的方法得出每个关键词在相应的属性值里面出现的频率，即词频，记为 $TF_{\boldsymbol{V},a_1}$，$TF_{\boldsymbol{V},a_2}$，…，$TF_{\boldsymbol{V},a_n}$，$TF_{\boldsymbol{W},b_1}$，$TF_{\boldsymbol{W},b_2}$，…，$TF_{\boldsymbol{W},b_m}$。

步骤 2：由公式 $IDF_t = \log(|D_t|/1+|D|)$ 计算得出每个关键词的 IDF 值，其中 $|D|$ 表示文档总数，$|Dt|$ 表示包含关键词 t 的文档数，分别记为 $IDF_{\boldsymbol{V},a_1}$，$IDF_{\boldsymbol{V},a_n}$，$IDF_{\boldsymbol{W},b_1}$，$IDF_{\boldsymbol{W},b_m}$。

步骤 3：将向量中各个关键词的 TF、IDF 值分别相乘，得到各个关键词的 TF-IDF 值，记为 $TFIDF_{\boldsymbol{V},a_1}$，$TFIDF_{\boldsymbol{V},a_2}$，…，$TFIDF_{\boldsymbol{V},a_n}$，$TFIDF_{\boldsymbol{W},b_1}$，$TFIDF_{\boldsymbol{W},b_m}$。将这些关键值组成新的向量，记为

$$TFIDF\_V(TFIDF_{\boldsymbol{V},a_1}, TFIDF_{\boldsymbol{V},a_2}, \cdots, TFIDF_{\boldsymbol{V},a_n})$$
$$TFIDF\_W(TFIDF_{\boldsymbol{W},b_1}, TFIDF_{\boldsymbol{W},b_2}, \cdots, TFIDF_{\boldsymbol{W},b_m})$$

使用上面计算得出的向量以及余弦算法计算出相似度值，记为 $\mathrm{sim}(\boldsymbol{V}, \boldsymbol{W})$。

2.1.3 基于 q-grams 的相似度算法

在基于 q-grams 的字符串相似度计算中，先将各字符串切割成长度为 q 的 grams，然后再进行相似度计算。下面举例说明基于 q-grams 的相似度计算过程。

假设有两个字符串 S_1 = "Henri Waternoose" 和 S_2 = "Henry Waternose"，两个字符串分别生成 3-grams 如下所示：

```
3-grams of S1= {##H, #He, Hen, enr, nri, ri_, i_W, _Wa, Wat, ate, ter, ern,
rno, noo, oos, ose, se# , e## }
3-grams of S2= {##H, #He, Hen, enr, nry, ry_, y_W, _Wa, Wat, ate, ter, ern,
rno, nos, ose, se# , e## }
```

其中，"_" 代表空格，"♯" 代表填补符号。

分别利用 2.1.1 节和 2.1.2 节中提到的 Jaccard 和 Cosine 相似度算法计算 S_1 和 S_2 的相似度，其中 $\boldsymbol{V}$、$\boldsymbol{W}$ 分别代表 S_1、S_2 的 3-grams 集合。

$$\text{StringJaccard}(S_1, S_2) = 13/22 = 0.59$$

$$\text{CosineSimilarity}(\boldsymbol{V}, \boldsymbol{W})$$

$$= \frac{1.04^2 \times 13}{\sqrt{1.04^2 \times 13 + 1.34^2 \times 5} \times \sqrt{1.04^2 \times 13 + 1.34^2 \times 4}} \approx 0.64$$

基于 q-grams 的相似度计算更适用于存在拼写错误的字符串间的比较。

2.2 基于编辑距离的相似度算法

2.2.1 Levenshtein 距离算法

Levenshtein 距离算法[3]是由俄国科学家 Levenshtein 提出的。两个字符串 str_1 和 str_2 的编辑距离是将字符串 str_1 转换成 str_2 所使用的最少编辑操作次数。编辑操作有三种：

1）插入操作：在字符串中插入一个字符。

2）删除操作：从字符串中删除一个字符。

3）替换操作：将字符串中某个位置的字符替换成另外一个字符。

每一个编辑操作的代价都是由 1 来指代 Levenshtein 距离。例如，“best”和“best”的编辑距离是 0，而“best”和“bent”的编辑距离是 1，从“best”转换成“bent”需要一个编辑操作。

例如，S_1＝“Sean”，S_2＝“Shawn”。从 S_1 到 S_2 有很多种变换方式，利用动态规划算法可以得到最小的编辑距离。其大概过程是：初始化一个$(|S_1|+1)\times(|S_2|+1)$的矩阵 $\boldsymbol{M}$，$\boldsymbol{M}_{i,j}$代表矩阵 $\boldsymbol{M}$ 中第 i 行第 j 列的值。其中，$0\leqslant i\leqslant|S_1|$，$0\leqslant j\leqslant|S_2|$，$S_{1,i}$表示字符串 S_1 中的第 i 个字符。如公式(2.4)、(2.5)、(2.6)所示。

$$\boldsymbol{M}_{i,0}=i \tag{2.4}$$

$$\boldsymbol{M}_{0,j}=j \tag{2.5}$$

$$\boldsymbol{M}_{i,j}=\begin{cases}\boldsymbol{M}_{i-1,j-1} & S_{1,i}=S_{2,j}\\ 1+\min(\boldsymbol{M}_{i-1,j},\boldsymbol{M}_{i,j-1},\boldsymbol{M}_{i-1,j-1}) & \text{其他}\end{cases} \tag{2.6}$$

则动态规划过程如图 2-1 所示。

		S	h	a	w	n
	0	1	2	3	4	5
S	1					
e	2					
a	3					
n	4					

a）初始化第一行和第一列后的矩阵

		S	h	a	w	n
	0	1	2	3	4	5
S	1	0	1	2	3	4
e	2					
a	3					
n	4					

b）利用公式（2.5）计算第二行后的矩阵

		S	h	a	w	n
	0	1	2	3	4	5
S	1	0	1	2	3	4
e	2	1	1	2	3	4
a	3	2	2	1	2	3
n	4	3	3	2	2	2

c）编辑距离存在最终矩阵的右下角

图 2-1 动态规划计算过程

最终 LevDist(Sean，Shawn)＝2。

2.2.2 Jaro 和 Jaro-Winkler 距离算法

Jaro 算法[4]是一种主要用于比较姓名的字符串比较算法，对于字符串 str_1 和 str_2，这个算法的基本计算步骤如下。

1）计算字符串的长度$|str_1|$和$|str_2|$。

2）寻找两个字符串中的公共字符 c：公共字符指的是满足以下标准的所有 $str_1[i]$和 $str_2[j]$，其中 $str_1[i]=str_2[j]$，同时 $|i-j|\leqslant\frac{1}{2}\min\{|str_1|, |str_2|\}$。

3）找到变换的数量 t：比较 str_1 和 str_2 的第 i 个公共字符，每一个不相匹配的字符就是一个变换。

Jaro 计算公式如式(2.7)所示：

$$\mathrm{Jaro}(str_1, str_2)=\frac{1}{3}\left(\frac{c}{|str_1|}+\frac{c}{|str_2|}+\frac{c-t/2}{c}\right) \tag{2.7}$$

Winkler 和 Thibaudeau 修正了 Jaro 度量[5]，并给出了一个前缀匹配，因为前缀匹配比姓名匹配更加重要。Jaro-Winkler 定义了一个前缀 p，如果前缀部分有长度为 ℓ 的部分相同，则 Jaro-Winkler 距离计算公式如式(2.8)所示：

$$d_{\mathrm{w}}=d_{\mathrm{j}}+[\ell p(1-d_{\mathrm{j}})] \tag{2.8}$$

其中：d_{j} 是两个字符串的 Jaro 距离；ℓ 是前缀相同部分的长度，但是规定最大为 4；p 是调整分数的常数，规定不能超过 0.25，不然可能出现 d_{w} 大于 1 的情况，Winkler 将这个常数定义为 0.1。

这样，字符串“MARTHA”和“MARHTA”的 Jaro-Winkler 距离为：

$$d_{\mathrm{w}}=0.944+[3\times0.1\times(1-0.944)]=0.961$$

2.3 混合的相似度算法

2.3.1 扩展的 Jaccard 相似度算法

本小节介绍两种扩展的 Jaccard 方法，第一种增添了相似的token[6]，第二种引入了权重函数[7]。

假设有两个字符串 S_1 和 S_2，应用 tokenize 函数将两个字符串分割成由 token 组成的集合，第一种扩展的 Jaccard 方法是对 token 进行相似度计算，找出相似的 token，这样可以包容较小的拼写错误。

通常，$\text{TokenSim}(t_1, t_2)$作为相似度计算函数来计算 token 的相似度，其中 $t_1 \in \text{tokenize}(S_1)$，$t_2 \in \text{tokenize}(S_2)$。相似的 token 定义如下：

$$\text{Shared}(S_1, S_2) = \{(t_i, t_j) \mid t_i \in \text{tokenize}(S_1) \wedge t_j \in \text{tokenize}(S_2): \text{TokenSim}(t_i, t_j) > \theta_{\text{string}}\}$$

其中，θ_{string}为判断两个 token 是否相似的阈值。

唯一存在于 S_1 中的 token 为：

$$\text{Unique}(S_1) = \{t_i \mid t_i \in \text{tokenize}(S_1) \wedge (t_i, t_j) \notin \text{Shared}(S_1, S_2)\}$$

唯一存在于 S_2 中的 token 为：

$$\text{Unique}(S_2) = \{t_i \mid t_i \in \text{tokenize}(S_2) \wedge (t_i, t_j) \notin \text{Shared}(S_1, S_2)\}$$

第二种扩展为匹配和未匹配的 token 引入了权重函数 w，通常与第一种结合起来使用。集合函数 A 将各权重集合起来，其计算如公式(2.9)所示：

$$\text{HybridJaccard} = \frac{A_{(t_i, t_j) \in \text{Shared}(S_1, S_2)} w(t_i, t_j)}{A_{(t_i, t_j) \in \text{Shared}(S_1, S_2)} w(t_i, t_j) + A_{(t_i) \in \text{Unique}(S_1)} w(t_i) + A_{(t_j) \in \text{Unique}(S_2)} w(t_j)} \tag{2.9}$$

下面举例说明扩展的 Jaccard 方法。

假设有两个字符串 S_1= “Henri Waternoose”，S_2= “Henry Peter Waternose”。利用编辑距离方法度量字符串间的相似度，且 $\theta_{\text{string}}=1$。

利用上述公式，得到

$$\text{Unique}(S_1)=\varnothing,\text{Unique}(S_2)=\{\text{Peter}\}$$

$$\text{Shared}(S_1,S_2)=\{(\text{Henri},\text{Henry}),(\text{Waternoose},\text{Waternose})\}$$

我们假设两个 token(t_i, t_j)的权重计算公式为 $1-\frac{\text{LevDist}(t_i,\ t_j)}{\max(|t_i|,\ |t_j|)}$，集合函数 A 简单地将权重进行加和运算。基于以上假设，两个字符串的扩展 Jaccard 相似度计算如下：

$$\text{HybridJaccard}(S_1,S_2)=\frac{0.8+0.9}{0.8+0.9+0+1}=0.63$$

2.3.2 Monge-Elkan 相似度算法

本小节介绍 Monge-Elkan 相似度算法[8]。首先假设有两个字符串 S_1 和 S_2，应用 tokenize 函数将两个字符串分割成由 token 组成的集合，然后将字符串 S_1 中的每个 token t_i 与 S_2 中的所有 token 进行相似度计算，找出 S_2 中与 t_i 相似度最大的 t_j。然后将 S_1 中所有 token 的相似度最大值相加。Monge-Elkan 相似度计算如公式(2.10)所示：

$$\text{MongeElkanSim}(S_1,S_2)=\frac{1}{|\text{tokenize}(S_1)|}\sum_{i=1}^{|\text{tokenize}(s_1)|}\max_{j=1}^{|\text{tokenize}(s_2)|}\text{TokenSim}(t_i,t_j)\qquad(2.10)$$

下面举例说明 Monge-Elkan 相似度计算方法。假设有两个字符串 S_1= “Henri Waternoose”，S_2= “Henry Peter Waternose”。在 S_2 中与“Henri”最相近的是“Henry”，与“Waternoose”最相近的是“Waternose”。假设以上两个 token 的相似度最大值分别为 0.8 和 0.9，则计算得到：

$$\text{MongeElkanSim}(S_1,S_2)=\frac{0.8+0.9}{2}=0.85$$

2.3.3 Soft TF-IDF 相似度算法

本小节讨论基于 TF-IDF 扩展的余弦相似度方法[9]。该方法的基本思想与扩展的 Jaccard 方法相同。其中 TokenSim(t_1，t_2)应用辅助串相似度计算函数来计算 token 的相似度，相似的 token 定义如下：

$$\begin{aligned}&\text{Close}(\theta_{\text{string}}, S_1, S_2)\\&=\{t_i \mid t_i \in \text{tokenize}(S_1) \land \exists t_j \in \text{tokenize}(S_2): \text{TokenSim}(t_i, t_j) > \theta_{\text{string}}\}\end{aligned}$$

与扩展的 Jaccard 中 Shared(S_1，S_2)不同的是，Close(θ_{string}，S_1，S_2)只包括了来自于 S_1 中的 token。来自于 S_2 中的与 Close 中 S_1 相似的 token 定义如下：

$$\max\ \text{Sim}(t_i, t_j) = \max_{t_j \in \text{tokenize}(S_2)} \text{TokenSim}(t_i, t_j)$$

其中，$t_j \in \text{tokenize}(S_2)$，$t_i \in \text{Close}(\theta_{\text{string}}$，$S_1$，$S_2)$。

扩展的余弦相似度计算方法也称作 Soft TF-IDF，定义如公式(2.11)所示：

$$\text{SoftTFIDF}(S_1, S_2) = \sum_{t_i \in \text{Close}(\theta_{\text{string}}, S_1, S_2)} \left(\frac{\text{tf} - \text{idf}_{t_i}}{\|\boldsymbol{V}\|} \times \frac{\text{tf} - \text{idf}_{t_j}}{\|\boldsymbol{W}\|} \times \max\ \text{Sim}(t_i, t_j)\right) \tag{2.11}$$

其中，$\boldsymbol{V}$，$\boldsymbol{W}$ 分别代表 S_1、S_2 的向量值。

下面举个例子来说明 Soft TF-IDF 相似度计算方法。假设有两个字符串 S_1= “Henri Waternoose”，S_2= “Henry Peter Waternose”，代表 S_1、S_2 的向量值 $\boldsymbol{V}$、$\boldsymbol{W}$ 分别是 $\boldsymbol{V}=\{0.6, 0.6, 0, 0, 0\}$，$\boldsymbol{W}=\{0, 0, 0.5, 0.3, 0.6\}$。

可以确定 Close(θ_{string}，S_1，S_2)={Henri，Waternoose}，那么 S_1、S_2 的 Soft TF-IDF 相似度计算如下：

$$\begin{aligned}\text{softTFIDF}(S_1, S_2) &= \frac{0.6}{\sqrt{0.6^2 + 0.6^2}} \times \frac{0.5}{\sqrt{0.5^2 + 0.3^2 + 0.6^2}} \times 0.8\\&\quad + \frac{0.6}{\sqrt{0.6^2 + 0.6^2}} \times \frac{0.6}{\sqrt{0.5^2 + 0.3^2 + 0.6^2}} \times 0.9\\&\approx 0.79\end{aligned}$$

2.4 数值型数据相似度算法

数值型数据也是实体识别中经常遇到的数据类型，比如生日、年龄、年份、价格、折扣等。在一般的数据处理中，都将数字当作字符对待，然而这种处理方式不适合于数值型属性的比较。比如，给定年份1999和2000，两者的字符串相似度非常小，但是两者实际只相差一年，应该通过求差值来解决：|1999－2000|。在实际应用中，根据实际可采用精确距离或范围距离来度量数值型数据的相似度。日期型相似度需综合年、月、日来计算其相似度，而价格相似度不仅需要考虑不同币种的差异，还需要考虑相对的差值。下面分别介绍这几种数值型相似度的计算方法。

2.4.1 数字型相似度算法

1. 精确距离算法

若两个数字型字符串完全相同，则相似度为1，否则为0。例如，对于图书的ISBN属性，只有当两条图书记录的ISBN属性完全相同时，才能认为它们所描述的为同一本书，因此可以利用精确距离算法来计算ISBN属性间的相似度。

2. 范围距离算法

如果当两个数字型属性值 n_1 和 n_2 在数值上的差小于一个阈值，对应的两条实体记录仍存在相互等价的可能性，则对于这样的数字型数据我们可以采用范围距离算法来计算 n_1 和 n_2 的相似度(如公式(2.12)所示)。其中，n_1 和 n_2 是两个数字型数据的值，n 是 n_1 和 n_2 的平均值。

$$\mathrm{Sim}(n_1, n_2) = 1 - \frac{\sqrt{\dfrac{(n_1 - n)^2 + (n_2 - n)^2}{2}}}{n} \tag{2.12}$$

2.4.2 日期型相似度算法

日期型数据的表达方式多种多样。在计算日期型数据的相似度前，首先要将所有的日期型数据都转换成统一的表示形式“*yyyy.mm.dd*”，其中“*yyyy*”表示年份，“*mm*”表示月份，“*dd*”表示日期。日期型数据相似度的计算方法如下。设 d_1，d_2 是两个日期型属性值：

- 若日期的比较要求精确到年，则只比较 d_1 和 d_2 的“*yyyy*”，若两个属性值的“*yyyy*”相等，则两个日期型数据的相似度为 1，否则为 0。
- 若日期的比较要求精确到月，则比较 d_1 和 d_2 的“*yyyy*”和“*mm*”，若“*yyyy*”和“*mm*”都相等，则两个日期型数据的相似度为 1，否则为 0。
- 若日期的比较要求精确到日，则比较 d_1 和 d_2 的“*yyyy*”“*mm*”和“*dd*”，若“*yyyy*”“*mm*”和“*dd*”全部相等，则两个日期型数据的相似度为 1，否则为 0。

2.4.3 价格型相似度算法

对于价格这种特殊的数据类型，标准的计算文本相似度的方法是不适用的，而需要一种新的衡量标准来计算。考察两个价格之间的匹配程度，绝对的数值差异是不恰当的，需要考察数值的相对差值。如 \$28 与 \$30 的绝对差值是 \$2，而 \$2800 与 \$3000 的绝对差值是 \$200，可见，价格的匹配程度不能由绝对差值来衡量。可采用类似于范围距离定义价格相似度。

假设 p_1 和 p_2 是两条价格类型数据，则 p_1 和 p_2 的相似度定义如公式(2.13)所示。其中，p 是指两个价格 p_1 和 p_2 的平均值。

$$\mathrm{Sim}(p_1,p_2)=1-\left(\frac{\sqrt{\frac{(p_1-p)^2+(p_2-p)^2}{2}}}{p}\right) \tag{2.13}$$

另外需要注意的是，不同领域数值的相似度度量准则大不相同，比如在微观测量中(如分子结构)，1毫米的差距是非常大的；而在宏观测量中(如天文测距)，1毫米的差距是微不足道的。由此可见，数值型数据的比较函数需要根据领域知识来设计。

2.5 本章小结

本章介绍了基于字段的相似度计算算法、基于编辑距离的相似度计算算法、混合的相似度计算算法和数值型相似度计算方法。在实体识别方法中，针对不同类型的属性，应基于相应的相似度计算算法度量记录属性的相似度。

参考文献

[1] Alvaro E Monge，Charles P Elkan. The field matching problem：Algorithms and applications[C]. In Proc. 2nd Int. Conf. on Knowledge Discovery and Data Mining，1996，24，35：267-270.

[2] Felix Naumann，Melanie Herschel. An Introduction to duplicate detection[M]. Morgan and Claypool pablishers，2010.

[3] Gonzalo Navarro. A guided tour to approximate string matching[J]. ACM Comput. Survey，2001，33(1)：31-88.

[4] Matthew A Jaro. Advances in record linking methodology as applied to matc-hing the 1985 census of tampa florida[J]. American Statistical Association，1989，84(406)：414-420.

[5] William E Winkler，Yves Thiboudeau. An application of the Felligi Sunter model of record linkage to the 1990 US decennial census[R]. Technical report，US Bureau of the Census，1991.

[6] Rohit Ananthakrishna，Surajit Chaudhuri，Venkatesh Ganti. Eliminating fuzzy duplicates in data warehouses[C]. In Proc. 28th Int. Conf. on Very Large

Data Bases, 2002: 586-597.

[7] Melanie Weis, Felix Naumann. Dogmati X tracks down duplicates in XML[C]. In Proc. ACM SIGMOD Int. Conf. on Management of Data, 2005: 431-442.

[8] Alvaro E Monge, Charles P Elkan. The field matching problem: Algorithms and applications[C]. In Proc. 2nd Int. Conf. on Knowledge Discovery and Data Mining, 1996: 267-270.

[9] Cohen W, Ravikumar P, Fienberg S. A comparison of string distance metrics for namematching tasks[C]. In Workshop on Information Integration on the Web, held at IJCAI, 2003: 73-78.

第3章

实体识别的分块技术

3.1 引言

无论是对两个数据集合之间的实体建立连接，还是一个数据集合内部发现重复实体，实体识别都是建立在两个记录之间的数据匹配基础之上的。对于小规模数据，实体间匹配的代价并不高，而当数据集规模逐渐增加，实体匹配的处理效率问题将逐步显现。为此，本章着重介绍解决实体识别中记录匹配效率问题的数据分块(Blocking)技术。数据分块技术也被认为是针对实体识别问题而设计的一种索引技术[1]。

3.1.1 数据分块技术的应用

前面章节中已经介绍了实体识别是通过比较两个记录来判断其各自所描述的实体是否对应同一实体的。实体识别技术所面临的挑战一方面来自识别结果的准确性问题，包括常用的查全率(Precision)和查准率(Recall)，而另一方面就是来自执行效率问题。由于记录之间的匹配是完成实体识别任务的基本操作，因而记录匹配的执行效率很大程度上决定着实体识别的执行效率。下面先来看一下造成实体识别任务执行效率问题的原因都有哪些。

决定实体识别任务执行效率的因素主要包括两个方面：一个是实体识别过程中需要匹配记录对（Record Pairs）的数量，另一个是数据匹配所使用函数的计算复杂性。

一方面，对于记录对的数量，在实体识别中如果不采用任何优化技术，需要对所有的记录对进行比较以判断是否匹配。这意味着，如果进行实体识别的对象是分别包含 m 和 n 个记录的两个数据集合，我们需要对 $m\times n$ 个记录对执行比较，以便找出那些真正对应同一实体的记录对。而如果使用实体识别技术从包含 n 个记录的数据集中发现重复记录，则对于每个记录要逐一与其他 $n-1$ 个记录进行比较以识别相同实体，对应的记录对比较次数为 $n\times(n-1)/2$。对于大数据集来说，这样的执行代价显然是过于高昂的。以 DBLP 数据集为例，现在已经包含了 344 万篇文献信息，如果执行发现重复文献的实体识别，需要进行将近 $3\ 440\ 000\times(3\ 440\ 000-1)/2\approx5.9$ 万亿次是记录间比较操作，假设每 0.001 毫秒可以执行一个记录对的匹配，要将这些记录逐一比较需要 1 638.9小时，这个时间是很难让使用者接受的，而其中重复文献的数量可能只是其中很小的一部分。

另一方面，用于比较记录的具体匹配函数往往也具有较高的计算代价。实体识别所处理的数据对象往往包含一些拼写错误或者表述异构的数据信息，这样就需要在进行记录属性的匹配中使用基于相似性的比较方法。从第 2 章所介绍的数据匹配相似性计算的各种算法中可以看到，基于相似性的匹配的计算代价是比较高的，以编辑距离相似性为例，采用动态规划方法需要 $O(n^2)$的复杂性。

为此，需要在实体识别中使用一定的优化技术来提高实体识别中数据记录的匹配效率。通过观察我们发现，在实体识别中无论是匹配数据集间的记录，还是发现数据集内的重复记录，真实匹配的记录对只占所有候选匹配记录对的很小一部分，而大量的记录对在比较后被证实是不匹配的。如图 3-1 中的两个数据集，其中仅有一对打印机记录是匹配的。因此，我们可以通过在候选比较集合中提前移除那些完全不可能匹配的记录对，降低比较记录对的数量，从而提高实体识别的性能。数据分块就是一种通过尽可能地减少需要进行具体比较操作的记录对数量来提高实体识别效率的技术。

RID	Walmart：打印机描述	打印速度(ppm)	打印分辨率(dpi)	价格
*W*1	Canon PIXMA MG2520 Photo All-in-One Wired Inkjet Printer	8	4800×600	$27.99
*W*2	HP Deskjet 2132 All-in-One Printer/Copier/Scanner	8	4800×1200	$39.00
*W*3	Canon MF212w Wireless Laser Printer /Copier /Scanner	24	600×600	$84.00
*W*4	HP ENVY 4520 All-in-One Printer/Copier/Scanne	20	4800×1200	$64.99
W5	Epson Work Force WF-2650 All-in-One Printer/Copier/Scanner/Fax Machine	13	4800×2400	$68.88

RID	Bestbuy：打印机描述	打印速度(ppm)	打印分辨率(dpi)	价格
*B*1	HP-ENVY 5660 Wireless e-All-in-One Instant Ink Ready Printer-Black	13	4800×1200	$99.99
*B*2	Epson-Work Force WF-2760 Wireless All-in-One Printer	13	4800×1200	$89.99
*B*3	HP-LaserJet Pro M277dw Wireless Color All-in-One Printer-Gray	19	600×600	N/A
*B*4	Canon-MF212w Wireless Laser Printer-Black	24	600×600	$84.99

图3-1 电子产品的实体识别样例

数据分块的基本思想是将数据集合基于分块标准(Blocking criteria)划分为多个小的数据块，其中有可能匹配的两个记录会划分到相同的数据块中，然后再对每个数据块内的记录进行两两成对比较，从而找出真实匹配的记录对。分块标准通常基于实体的一个或多个属性设计，因此也被称为分块键(blocking key)或排序键(sorting key)。可见，数据分块技术的原理与数据库中实现查询优化的散列索引技术相似。

分块技术能够有效地过滤掉那些匹配可能性低的记录对，从而降低实体识别中数据记录间匹配的代价。

3.1.2 实体识别数据分块问题定义与算法分类

1. 数据分块问题定义

实体识别的数据匹配主要处理两种类型的任务：一种是处理面向单一数据集合的消除重复(Deduplication)，另一种是两个数据集合之间记录的链接(Linkage)，如图 3-2 所示。数据分块技术主要用于对数据匹配进行优化，通过减少匹配的记录对数量来提高匹配效率。数据分块的问题定义如下：

定义 3.1（数据分块） 对于给定数据记录集合 R，基于分块键将其划分为多个数据块$\{C_1, C_2, \cdots, C_k\}$，其中$\forall i$ 有 $C_i \subset R$，并且$\bigcup_i C_i = R$。

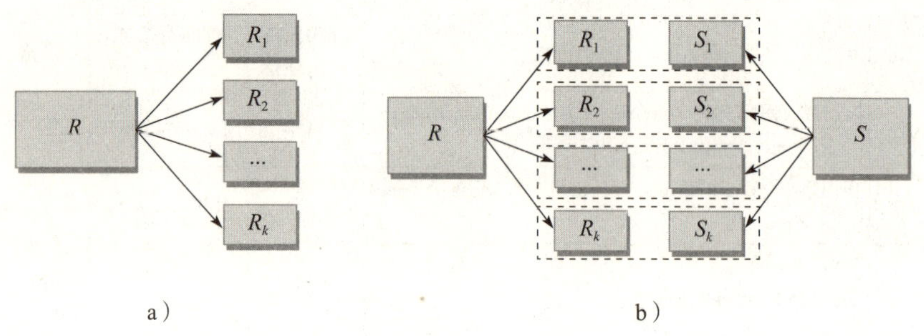

图 3-2 单一数据集的分块和多数据集的分块

对于消除重复任务，分块算法要处理数据集合 R，而对于记录链接任务，则要处理参与链接的两个数据集合 R 和 S。

数据分块基于记录在分块结果中出现的形式分为不相交(Disjoint)和非不相交(Non-disjoint)两类。不相交分块是指分块后对于集合 R 中的一个记录在分块后仅属于一个数据块 C_i，即$\forall i, j$ 有 $C_i \cap C_j = \varnothing$。非不相交分块是指分块后对于集合 R 中的记录可以出现在多个数据块中，即$\exists i, j$ 有 $C_i \cap C_j \neq \varnothing$。属于哪种分块类别主要由实现数据分块的算法和选择的分块键所决定。它们也是决定分块性能的两个重要步骤。

2. 数据分块算法分类

对要进行实体识别的数据集合采用何种算法进行分块，主要取决于实体识别中记录间的匹配方式。基于分块键的匹配方式可以将分块算法划分为基于等值匹配的分块算法和基于相似性的分块算法两类。

基于等值匹配的分块算法主要通过使用记录的特征属性构建分块键，基于分块键的等值匹配划分数据记录，即将具有相同键值的记录划分到同一个块中。其中，分块键可以是多个，而记录也可以基于多个分块键被划分到多个块中，如果两个记录没有在任何一个分块键的划分中被分到同一个数据块中，则这两个记录的记录对将不会执行匹配运算。

基于相似性的分块算法主要使用类似聚类的算法。通过计算分块键之间的相似性，将可能匹配的数据记录聚集到同一个聚类集合中，在计算相似性时对属于同一个聚类集合的记录进行逐对匹配。基于相似性的分块算法有很多种，包括基于滑动窗口的分块算法、基于 q-grams 的分块算法、基于聚类的分块算法和基于映射的分块算法等。基于相似性的分块算法适合于处理低质数据，如具有大量错误的脏数据和具有多样性数据描述的数据。

3.2 分块键

在实体识别中具体使用何种分块算法能够获得较高的性能，需要根据实体识别中记录间的相似性匹配语义和所选择的分块键(Blocking Key)来决定。关于各个分块算法的原理将在后续小节中详细介绍。

3.2.1 分块键的定义

分块键的定义是实体识别的数据分块技术中最核心的问题。分块键定义的主要任务是选取适合的记录属性或属性集合作为记录分组的依据属性，每个分块键值将作为一个数据分块标识。好的分块键定义应该能够将相似的记录成功地划分到同一个数据块中，从而实现更加高效的记录匹配。

1. 属性相似性分类

实体识别中记录间匹配操作主要依赖于属性值间的数据匹配。属性值的匹配可以分为等值匹配和相似性匹配两种情况，其中相似性匹配根据匹配的数据特征不同又分为多种情况。关于属性值的相似性具体可分为以下几种类型(算法细节详见本书第 2 章内容)。

1）字符文本相似性。字符文本相似性主要用于匹配以字符串类型描述的属性值，常见的匹配对象有人名、地名、商品描述文本等，如图 3-1 中打印机商品的描述。字符文本相似性的计算方法可以分为基于字符的方法和基于 token 的方法，其中基于 token 的方法对于英文文本可以通过分词和提取词干进行预处理，而对于中文则需要进行中文分词才能进一步计算。

2）数值相似性。数值相似性主要用于匹配以数值作为属性值数据类型的属性，如年龄、日期、数量和价格等，图 3-1 中打印机的打印速度和分辨率属性也需要适应数值相似性进行匹配。

3）发音相似性。发音相似性主要用于匹配英文人名之间的相似性，其中英文人名的字符串文本通常会先基于字节的发音进行编码，再通过编码进行匹配。这主要是由于这些数据在数据的手工输入、自动识别等采集过程中会存在错误，从而不利于相似性计算，因此，需要基于发音编码方法将其转换成分块键值以便于处理。常见的编码算法包括 Soundex、NYSIIS 和 Double-Metaphone 等。

2. 影响分块键定义的要素

基于属性值匹配中的相似性语义，对分块键进行定义时需要考虑以下几个方面。

1）属性的数据质量。属性的数据质量主要指属性的完备性和准确性，是决定分块键定义的主要因素。属性的完备性用于衡量该属性上各个记录的属性值缺失或为空的情况。如果在分块键上存在大量的记录缺少对应的属性值，那么在进行数据分块时这些记录将被划分到同一个数据块中，这对于分块后的记录匹配是十分不利的，因为基于分块键的空值被划分到同一个数据块的两个记录相似的可能性并不高。属性的准确性是指在记录对应的属性取值上与各记录真实值相比的准确性。对于具有较高完备性的属性来说，一旦属性值中存在大量的错误，就会导致在分块时记录被划分到错误的数据块中，进而影响实体识别任务的效率和准确性。因此，在选择分块键时应选择属性值具有较高数据完备性和准确性的属性。

2）属性值的频率分布。分块键在属性值上的频度分布会影响数据分块中分块的生成数量和每个数据块中包含记录的数量。一旦某个属性值在记录中频繁出现，以该属性作为分块键时就会出现分块的数据倾斜，即在某些分块中具有大量的记录，而其他分块中的记录较少。例如，我们在对人的实体识别中如果选择人的姓氏作为分块键并生成键值，则由“李”“王”和“张”等在中文中最常见的姓氏（2010 年人口普查，以上姓氏汉族比例分别为 7.94%、7.41%和 7.07%）作为分块键将产生较大的数据分块，而每个数据分块中都需要对记录进行两两匹配，因此会严重影响分块的效率。因此，分块属性的属性值在频率分布上一旦存在倾斜，就会严重影响分块的效率。通常来说，分块属性的属性值数量越多，频率分布越平均（均匀分布），分块后的记录匹配效率越高，因为这样可以有效地减少记录匹配的数量。

3）分块数量与大小之间的平衡。分块的数量主要由分块属性的属性值数量所决定，而分块的大小则由属性值对应的分块大小所决定[2]，在实体识别的分块效率方面需要对这两个值进行平衡才能够解决分块结果上匹配代价和匹配收益间的平衡问题。如果分块的数量较少则每个分块中的记录数量会增加，这样会增加实体的记录对匹配数量；如果分块数量较多而每个分块中记录较少，虽然会产生较少的匹配记录对，但是这样会影响实体识别的召回率，即实体匹配结果中发现真实匹配对的数量会减少。通常情况下，构建一个特殊的分块键能够增加分块的数量并缩减分块的大小。由于单一属性的属性值很难保证分块大小的均衡性，因此通常采用多个属性组合的方式构建分块键，甚至使用编码技术对属性值进行处理，这样不仅可以产生大量较小的分块，还能够提高分块的准确性。

以上三个因素是在基于实体属性的等值匹配进行实体识别时，定义分块键所需考虑的内容。然而在实际应用中，实体识别要处理的数据有很多都是脏数据，即记录的属性值中大量错误或者多样性的表述方式。这是分块键定义中需要解决的一个重要问题。低质的属性直接作为分块键会造成相似的记录被划分到不同的数据块中，从而造成实体识别性能的下降。因此，在分块键的定义中也要考虑对于低质的属性值需要能够通过相似性方法将相似的记录划分到同一个数据块，以便能够有机会进行匹配计算。例如在图 3-1 中，两个数据源中都包含“Canon MF212w”，但描述内容上却并不相同，如果直接基于该商品描述属性值进行分块，则可能会被划分到不同的数据块中。为此需要采用合适的方法解决这一问题。

一种简单、常用的方法是定义多个不同的分块键。这种方法的思想是选择实体的多个属性，都定义作为数据集合的分块键，在进行分块操作时，依据各个分块键划分记录并生成候选的匹配记录对，最后对每个分块键所生成的匹配记录对进行合并，消除其中重复的匹配记录对，以生成最终的匹配任务。一个改进的多分块键方法[3]可以执行多趟的分块操作。每趟分块中使用不同分块键对记录进行分块，并对候选记录对进行比较，匹配的记录对在下一趟分块处理中将被移除。另一种方法是使用不同的分块键定义方法生成多个分块键值，再将记录基于多个分块键值分别划分到不同的数据块中。

这些方法的优点在于对于一个数据记录而言，多个分块键中只要有一个分块键值没有错误，这个记录就能够被划分到一个正确的分块中，其中包含有可能与该记录相似的记录。因此，两个相似的记录只要有一个相同的分块键值，就能够产生对应的匹配记录对，从而降低丢失匹配的概率。

实体识别的分块算法都需要进行分块键定义，因此分块键定义也成为分块算法优化的一部分。优化的目标主要体现在两方面：所有匹配的记录对都被包含在候选匹配记录对中；生成尽可能少的候选匹配记录对。

3. 分块键定义的方法

分块键的定义包括选择实体属性和定义由属性值生成分块键值的分块函数(Blocking Function)。传统的分块键定义方法是采用基于专家对领域和数据的经验，以人工的方式从实体的属性集合中选择适合于分块的属性和生成分块键值的分块函数。例如，在图 3-1 的数据中，我们根据经验可以选择“打印机描述”“打印速度”和“打印分辨率”作为分块键，而对于价格属性则不适合作为分块键，因为相同商品在不同网站上往往具有不同的价格。对于分块函数的选择一般需要根据属性值的特征来决定，对于英文文本生成分块键值通常使用以下几种方法。

1）使用字符串的前三个字符作为键值。该方法通常用于人的姓氏，用来对人员信息进行划分。

2）组合多个属性值作为键值。该方法基于组合属性定义分块键，例如由多个属性表示的地址信息中“省”“市”“区”和“邮编”属性可以组合为“省” + “市” + “区” + “邮编”这样一个统一的值。

3）基于单词发音的编码。该方法根据发音特征对单词进行编码，一般用于对人名属性进行编码转换，在下一小节中将详细介绍。

4）基于 token 的多键值。该方法基于 q-grams 方法或分隔符将属性值生成多个 token 作为分块键值，通常用于具有较长文本的属性或分块算法中需要处理脏数据问题的情况。例如对“peter”进行 3-grams 划分可以得到 token 集合{“pet”，“ete”，“ter”}。

在一些实体识别任务中，实体的属性较多，并且属性上的数据分布未知，对于这种情况很难基于经验对分块键进行定义。针对这一问题，近来有相关工作提出了一些基于学习的分块键定义技术[4,11]。首先需要有一个已知记录间真实匹配关系的训练数据集，再采用有监督的机器学习方法学习出适合作为分块键的实体属性和分块函数。关于基于学习的分块键定义方法的具体内容将在本章后续小节介绍。

基于学习的分块键定义方法对于训练数据集具有较高的要求。训练数据集要具有较高的数据质量和对实际实体识别数据集合足够的覆盖，即其中包含的记录要具有足够的多样性，这样得出的分块键定义才能够具有较高的优化效果。因此，在很多情况下，实体识别数据分块依然采用人工定义的方式。

3.2.2 分块键的编码

为了实现在分块键上的相似性匹配，即容忍分块键值的错误或多样性，可以采用对分块键编码的处理方式，通过编码函数将属性值进行编码后再作为分块键[5]。分块键编码主要用于处理基于文本发音进行相似性匹配的分块方法。

基于单词发音的编码函数的基本思想是将属性值的字符串转换为一个代码，这个代码与字符串的发音相对应。现有分块键编码技术多数是基于英文设计的，也有部分方法考虑其他语言的发音特性。下面简要介绍一下这些基于发音的编码方法。

1）Soundex是最早和应用最广泛的基于发音的编码算法[6,7]。Soundex编码算法是将字符串的首字母保留，再将后续字符基于转换表转换为一串数字。Soundex算法的优点是简单且计算代价小，缺点是首字母一旦不一致将导致编码后分块键具有不同的键值。

2）Phonex编码算法[8]构建于Soundex算法之上，增加了一个文本预处理的步骤。在进行编码处理之前，先使用一组规则将编码的单词进行基于发音的字符转换，如对于开头是“ph”的单词，其首字符将被转换为“f”，后面的处理则与Soundex算法一致。

3）Phonix编码算法与Phonex相同，都采用了文本预处理技术，区别是字符转换规则更多，且在字符转换为数字时所使用的转换表与Soundex算法不同。

4）NYSIIS编码算法[9]的全称是纽约州识别与智能系统（New York State Identification and Intelligence System），其使用了与Soundex不同的编码转换规则，其中不再将首字母之外字母转换为数字，而是将其转换为字符。

5）Double-Metaphone编码算法[10]主要解决欧洲语言和亚洲语言中人名的发音编码问题，因此相比于之前的编码算法加入了更多的转换规则。对于一些人名，Double-Metaphone算法会基于不同的发音规则产生两个编码结果，以保证分块的准确性。

6）Fuzzy Soundex编码算法采用了与Soundex相似的转换表，不过在预处理阶段则是采用了 q-grams方法将字符替换为数字。

基于发音的编码方法几乎都是面向英文文本而设计的，一般用于在人名这类属性上定义分块键的情况。对于其他语言文字的编码方法目前很少。

3.3　基于等值匹配的分块算法

基于等值匹配的分块算法即主要通过实体的特征属性定义出一个或多个分块键的方法。基于记录在分块键上的键值将记录放入对应的数据块中，如果两个记录没有在任何分块键上具有相同的键值，则这两个记录就不会同时出现在相同的数据块中，也就不会执行记录间的匹配。下面将对常用的分块算法进行逐一介绍。

3.3.1 标准分块方法

数据分块方法已经在各类实体识别任务中被广泛使用。标准的记录分块方法是基于实体属性定义一个记录上的分块键，每个记录通过一个分块键上的分块函数生成一个分块键值(Blocking Key Value)，这个分块键值将决定该记录被分配到哪个数据块中。分块函数通常是一个 hash 函数，这样具有相同属性值的记录会被生成相同的分块键值，并被分配到同一个数据块中。在同一个数据块中，如果实体识别任务是消除重复，则记录会进行两两相似性比较以找出匹配的记录对；如果实体识别任务是两个数据集合的记录链接，则在两个数据集合中记录的笛卡儿积上执行比较操作找出匹配的记录对。

标准分块方法的一种有效的实现方式是使用倒排索引这种数据结构。在对数据进行分块时，每个分块键值将被作为倒排索引上的一个索引项，一旦有记录生成了相应的分块键值，该记录将被加入到这个索引项的列表中。这样每个索引项的列表就对应了一个记录分块。例如，我们对图 3-1 中数据记录进行分块处理，分块键定义为打印速度，结果如图 3-3 所示。其中两个数据集合在“13”和“24”两个分块(索引项)上有公共记录，因此将对这两个数据块中的记录进行比较。

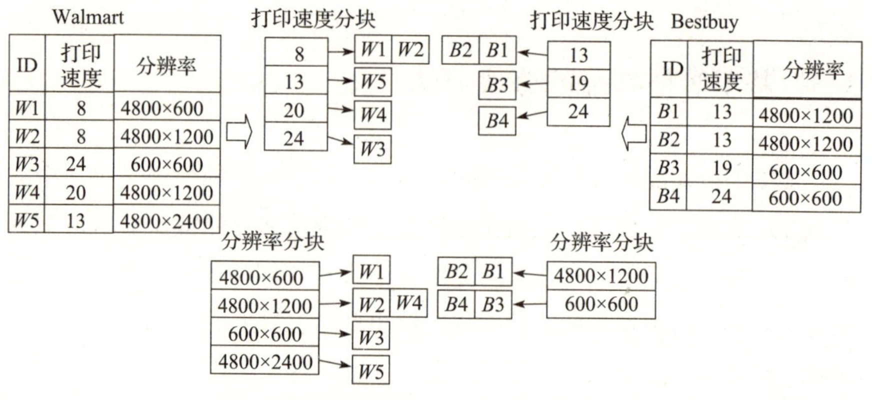

图 3-3 样例数据上基于倒排索引的标准分块

标准分块方法仅定义了一个分块键，这样在分块键上有脏数据和数据多样性的情况下，会出现丢失记录匹配对的问题，即因为其中一个或多个记录的属性值存在错误而没有被划分到正确的数据块中，从而没有识别出真实匹配的两个记录。为了解决这一问题，采用创建多个分块键或生成多个分块键值的思想，以便记录能够被划分到多个数据分块中与其他记录匹配。对于定义了多个分块键的情况，需要为每个分块键创建倒排索引生成相应的数据分块。每个分块键的分块单独生成候选匹配记录对。一个候选匹配记录对可能在多个分块键的分块结果中出现，但是由于要对多分块键产生的候选匹配记录对进行合并处理，因此在实际记录间的比较阶段仅会被比较一次。如图 3-3 中，在“打印速度”和“分辨率”两个属性上定义了分块键，则为两个分块键都创建了基于倒排索引的数据分块，其中“打印速度”分块键生成($W5$，$B1$)、($W5$，$B2$)和($W3$，$B4$)三个候选匹配记录对，“分辨率”分块键生成($W2$，$B1$)、($W2$，$B2$)、($W4$，$B1$)、($W4$，$B2$)、($W3$，$B3$)和($W3$，$B4$)六个候选匹配记录对，其中($W3$，$B4$)虽然出现两次，但只会执行一次比较。

在标准分块方法中，每个分块中的记录会进行两两比较，那么下面来分析一下标准分块方法在消减候选匹配记录对上的效率。为了便于计算，假设记录在分块键值上是均匀分布的。对于两个数据集合间的记录链接问题，假设两个数据集合中记录数量分别为 m 和 n，分块键值的数量为 b，则两个数据集合的每个数据块中分别有 m/b 和 n/b 个记录。因此，分块后两个数据集合需要匹配的记录对数量 c 为：

$$c=b\left(\frac{m}{b}\cdot\frac{n}{b}\right)=\frac{m\cdot n}{b} \tag{3.1}$$

而对于单数据集合上的消除重复任务，假设该数据集合包含 n 个记录，分块键值的数量为 b，则每个数据块包含 n/b 个记录，分块后需要匹配的记录对数量 c 为：

$$c=b\left(\frac{1}{2}\cdot\frac{n}{b}\cdot\left(\frac{n}{b}-1\right)\right)=\frac{n(n-b)}{2b} \tag{3.2}$$

从以上两个公式可以看出，分块键上的分块键值越多(b 值越大)，所生成的候选匹配记录对数量就越少，分块后记录比较的性能提升就越明显。但过多的分块键值会将原本相似的记录划分到不同的数据块中，这一点也是分块键定义中需要注意的问题之一。

3.3.2 基于学习的分块键定义

在上一节中提到，分块键的定义对于分块性能的影响非常大，发现最优的分块键定义能够显著地提升发现候选匹配记录对的性能，即尽可能少地生成记录对比较任务并发现最多的真实的匹配记录对。3.2.1 节中提到的已有工作[4,11]提出了基于学习的分块键定义方法。这些工作都采用了基于训练集的有监督机器学习方法，其中训练集中标注了真实匹配记录对和不匹配记录对。这类方法首先生成候选的分块键，再使用训练集数据找出候选分块键上具有最高覆盖度(coverage)和最高准确性(accuracy)的分块键组合。覆盖度和准确性是度量分块性能的两个重要指标。这里覆盖度是指被分块键划分后所产生的记录对中，真实匹配记录对与训练集中真实匹配的记录对的比率。准确性指被分块键划分后所产生的记录对中真实匹配记录对的比率。

下面主要介绍 Bilenko 等人提出的分块键定义方法[11]。该方法将分块键定义的学习转换为了一个等价于红蓝集合覆盖问题(red-blue set cover problem)[12]的最优化问题。优化的目标是找出分块后能够消除最多数量的候选匹配记录对，并保留近乎全部匹配记录对。

将分块键定义问题映射为红蓝集合覆盖问题，表示为由三类顶点构成的图。如图 3-4 所示，训练集中所有匹配的正例记录对(positive examples)用下排的蓝色结点 $B=\{b_1, \cdots, b_m\}$表示，所有不匹配的反例记录对(negative examples)用上排的红色结点 $R=\{r_1, \cdots, r_n\}$表示，其中中间白色结点为分块键结点 $K=\{k_1, \cdots, k_t\}$。对于每个分块键 k_i，正例结点和反例结点通过与该结点相连接的集合称为这个分块键所生成的候选匹配对在训练数据上的覆盖，分别用 $b(k_i)$和 $r(k_i)$表示。则最优化问题可以定义为：

定义3.2（最优化分块键定义）　从给定的 t 个候选分块键中选择 k 个分块键，使得至少覆盖 $m-\varepsilon$ 个正例记录对，且覆盖的反例记录对最少。

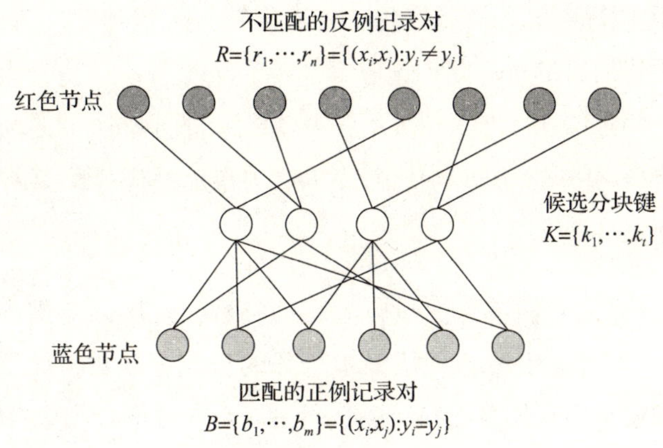

图3-4　分块键定义的红蓝集合覆盖

红蓝集合覆盖问题已被证明是一个NP-Hard问题，这里使用贪婪算法获得问题的近似解。算法的近似比为 $2\sqrt{t\log m}$ [3-12]。贪婪算法的具体处理步骤如下。

1）从候选分块键集合中删除覆盖了反例记录对数量超过 η 的分块键，即删除 $r(k_i)>\eta$ 的分块键。η 的取值可以设定为训练集中记录对数量的一个比例值。删除包含反例过多的分块键可以减少结果中覆盖的反例记录对数量。如果删除分块键后，剩余分块键集合 K' 覆盖的正例记录对数量 $B(K')$ 不足 $m-\varepsilon$ 个，则说明 η 的取值过小从而删除了过多的分块键，因此需要提高 η 的取值，以使剩余分块键覆盖的正例记录对数量满足 $B(K')>m-\varepsilon$。

2）设置 $\gamma=\sqrt{t/\log m}$，从反例记录对中删除被 γ 个分块键所覆盖的反例记录对，即对于 $r_i\in R$，如果 $\deg(r_i, K)>\gamma$ 则删除该反例记录对，其中 $\deg(r_i, K)$ 表示记录对 r_i 被分块键覆盖的数量。这一步骤的原因是要删除那些在很多分块键下都会被划分到同一个分块中的反例记录对，因为这样的反例记录对中的两个实体对于多数分块键都会无法将其区分。

3）基于反例集合构建加权的集合覆盖 T，其中对于集合 K' 中的每个分块键 k_i 创建一个集合 τ_i，对应的权值设置为 $\omega(\tau_i)=|r(k_i)|$。

4）迭代执行覆盖集构建过程。首先设置集合覆盖 $T^*=\varnothing$，每次迭代中基于贪婪的启发式规则，选取 K' 中 $|b'(\tau_i)|/\omega(\tau_i)$ 值最大的分块键 k_i 加入到 T^* 中，同时将 $b'(\tau_i)$ 从 B 中移除，直到 $|B|<\varepsilon$ 为止，返回 T^* 作为选取的分块键集合。其中，$b'(\tau_i)$ 为每次迭代分块键 k_i 在当前正例集合 B 中的正例覆盖。

其中，ε 是用来调节算法执行效率的参数。在实际应用中，可以先将 ε 设置为 0，即要求覆盖训练集中全部的正例记录对，如果对于手中的训练数据集来说这个算法执行的代价过高，再逐渐增加 ε 的值。

3.4 基于相似性的分块算法

在实际的实体识别任务中，脏数据和数据描述的多样性使得我们需要在实体间的匹配中对记录的属性值进行相似性比较，以决定两个记录是否描述同一实体。在这种情况下，直接使用分块键对应属性的属性值或属性值的编码作为分块键值，会造成原本相似并且匹配的两个记录被划分到不同数据块中，从而丢失对真实匹配记录对的识别。这是由于分块键值之间的差异过大，不能用简单的等值比较判断匹配造成的。例如，在图 3-1 中，如果将“打印机描述”属性定义为分块键，如果使用等值比较方法则任何两个记录都不会被划分到相同分块中。因此，在很多情况下，对于分块键需要使用基于相似性的比较算法，并基于该算法对数据记录进行分块。关于属性值之间的相似性算法在上一章中已经进行了详细介绍。基于相似性的分块算法包括基于属性值排序的滑动窗口分块方法、基于聚类的分块方法以及基于属性值间 Jaccard 相似性的各种分块方法。下面逐一对这些分块方法进行介绍。

3.4.1　基于排序的分块方法

基于排序的分块方法(Sorted Neighbourhood Approach)[14]是较早被提出用于替代标准分块方法的技术。不同于标准分块方法中生成分块键的键值，这种方法采用基于属性对数据集合中记录进行排序的方式组织数据，用于排序的属性称为排序键(Sorting Key)，其作用和生成方法与分块键都十分相似。在基于排序的分块方法中，需要设定一个大小为整数 w 的滑动窗口(Sliding Window)，每次候选匹配记录对都是从滑动窗口中的记录生成的，因此这类方法也被称为基于滑动窗口的方法。

1. 基于排序分块方法的原理

基于排序的分块方法原理十分简单：数据集合中所有记录按照排序键上的键值进行排序，然后利用设置好的滑动窗口大小在排序的记录集合上面依次移动，每个滑动窗口可以看作一个分块，每次移动后利用在滑动窗口内的记录生成新的候选匹配记录对，直至访问完全部记录。

如图 3-5a 所示，面向单数据集合，基于排序的分块方法进行比较以消除重复记录，其中滑动窗口大小设置为 $w=3$。滑动窗口首先从 a1～a3 的区域开始生成候选匹配记录对，之后每次移动 1 个位置并生成新的候选匹配记录对，其中第一次移动后将增加新的候选记录对(a2，a4)和(a3，a4)。

然而，对于两个数据集合间的记录链接任务，在实际的执行中，基于滑动窗口的方法在对数据记录基于排序键排序之前需要先执行两个集合的合并操作，然后再对合并后的数据集合整体排序。在执行窗口的滑动时，是在合并后的排序键值序列上进行滑动。这种方式的优点在于能够将两个数据集合中相似的记录放在较近的位置，以便能够被包含到同一个窗口中。如图 3-5b 所示为两个数据集合的记录链接，其中两个数据集合的记录先被合并，再进行统一排序，滑动窗口大小设置为 $w=3$。从图中可以看出，并不是每个窗口都会生成新的候选匹配记录对，如窗口移动到 a4～a6 这一区间时，窗口内的记录全部来自同一数据集则不会生成候选匹配记录对。

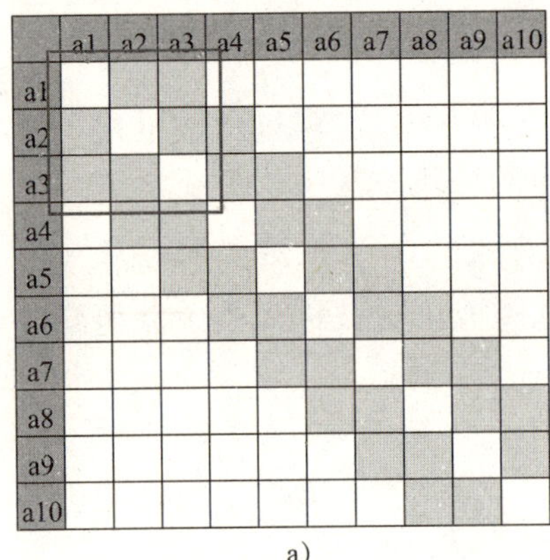

a)

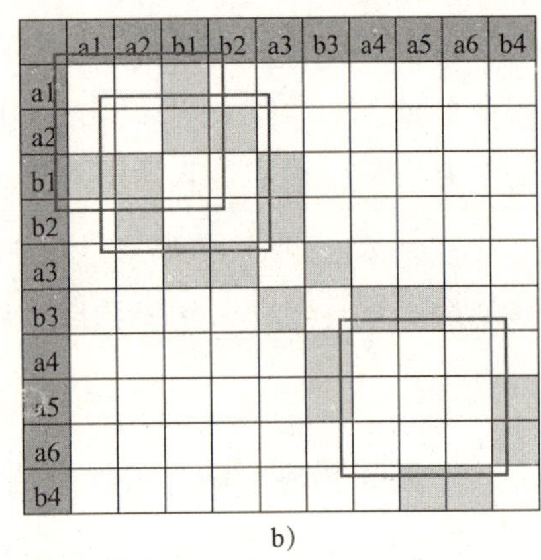

b)

图 3-5　基于滑动窗口的记录匹配原理

在基于排序的方法中，定义排序键与定义分块键时所使用的标准不同。分块键需要考虑生成的分块数量和候选记录对质量之间的平衡关系，而排序键需要考虑如何使相似的记录在排序键的键值序列上更加接近。在排序键的定义中，面临的一个重要问题就是字符串类型的排序键对于开始字符十分敏感。例如对于公司名“中国建设银行”和“建设银行”在排序键的键值中会具有较远的距离，从而造成对应的两条记录不会被包含在同一个窗口内，从而丢失匹配记录对。解决该问题的一个方法是使用多个不同的排序键执行多次基于排序的分块方法。

基于排序的分块方法所生成的候选匹配记录对数量并不依赖于排序键值的频率分布。假设两个数据集各包含有 n 个记录，滑动窗口大小设置为 w，则在不进行合并的情况下有 $n-w+1$ 个窗口位置。在第一个窗口生成的候选记录对数量为 w^2 个，后续每个窗口增加新的候选记录对

数量为 $2w-1$ 个，因此整体生成的候选记录对数量 c 为：

$$c = w^2 + (n-w)(2w-1) = 2nw - 2w^2 - n \tag{3.3}$$

对于大规模数据而言，w 远远小于 n，因此这种基于滑动窗口的方法在生成候选记录对上的计算复杂性可以认为是 $O(n)$。而对于整体算法而言，还需要加上对记录基于排序键排序的开销，排序的计算机复杂性为 $O(n \log n)$。

2. 改进的基于排序分块方法

基于排序分块方法主要在两个问题的处理上存在不足：一个是对于排序键值分布不均匀的处理，即在大规模数据中，某个排序键的键值可能对应大量记录，其数量超过了滑动窗口的大小；另一个问题是固定的滑动窗口大小可能会丢失记录对的匹配。

针对同一排序键值对应大量记录问题，现有工作提出了一种基于倒排索引结构的滑动窗口方法[1]。与标准分块方法中的倒排索引结构类似，这里也为数据记录创建一个倒排索引结构，其中每个索引项的键值是排序键的键值，索引项在索引中按照键值排序，索引项指针指向具有该键值的记录，这样每个排序键值仅在索引中出现一次。固定大小的滑动窗口每次在索引上进行移动，找出新加入匹配的排序键值的索引项，再沿索引项对应的指针得到对应记录，以生成候选匹配记录对。此时，生成的候选记录对数量不再仅由滑动窗口大小决定，同样也受排序键值在记录中的频率分布影响。

如果滑动窗口的大小固定不变，则两个匹配的记录在排序键值相差较大时会无法划分到同一个窗口内，从而丢失这个真实匹配记录对。为此提出动态滑动窗口方法[16]，其中滑动窗口的大小可以根据排序键值之间的近似比较相似性动态增加。一个动态滑动窗口所容纳的排序键值序列中，两个相邻的排序键值间的相似度需要高于一个给定的相似度阈值。新的窗口则起始于相似度低于相似度阈值的两个排序键值之间的边界处。

标准分块方法可以看作在排序键上的一个特殊的滑动窗口方法[17]，其区别是标准分块方法中每次不是滑动 1 个位置，而是滑动整个窗口的大小，即 w 个位置。因此参考文献[17]中，滑动窗口的大小和窗口之间的重叠大小都是可以指定的，并通过实验证明基于排序滑动窗口方法的性能要优于标准分块方法。

3.4.2 基于字符串分割的分块方法

标准分块方法和基于排序的分块方法对于处理含有大量错误或表述多样性的脏数据的性能都不理想。分块键上键值的简单拼写错误，就能够导致标准分块方法将匹配的记录划分到不同分块中，而这个错误如果发生在排序键值的起始位置，则基于排序的方法也将发生同样的问题。因此需要容错性较强的方法来处理脏数据上的分块问题。根据字符串匹配的相似度计算方法，现有工作提出了基于字符串分割的分块方法，其思想是将原分块键值分解成多个分块键值，以便提高两个相似记录划分到同一分块的概率。此类分块方法有基于 q-grams 的分块方法和基于后缀队列的分块方法。

1. 基于 q-grams 的分块方法

基于 q-grams 的分块方法[2]是将标准分块方法中单一的分块键值转换为一个 q-grams 列表，其中每个 q-grams 是原分块键值的一个长度为 q 的子字符串(q-grams 的划分方法见本书第 2 章)，q-grams 列表的子表将生成一个新的分块键值，该记录将基于这些新的键值插入到多个分块中，以便与相似的记录进行比较。常用的 q-grams 方法中，将 q 设置为 $q=2$(称为 bigrams 或 digrams)或者 $q=3$(称为 trigrams)。如果一个字符串 s 的长度为 c，则生成的 q-grams 数量 $k=c-q+1$。

创建新分块键值的方法是采用一种递归的方式从转换后的 q-grams 列表中生成 q-grams 子列表。假设初始 q-grams 列表的长度为 k，即包含 k 个 q-grams，则在递归的第一步中生成具有 k 个 q-grams 的子列表，在第二步中生成包含 $k-1$ 个 q-grams 的子列表，此后每一步中 q-grams 的数量相比上一步减少 1 个，直到子列表中 q-grams 的数量达到一个最小值 l，l 的值由一个最小阈值 t 决定。对于一个有 k 个 q-grams 的分块键值，在子列表阈值设置为 t 时，子列表最小长度限制 l 为：

$$l = \max(1, \lfloor k \cdot t \rfloor) \tag{3.4}$$

接下来，按照子列表中 q-grams 在原始分块键值中顺序拼接为字符串，这样，原始分块键值就转换为了多个分块键值，在分块时依然使用基于倒排索引的方法构建记录分块，每个记录与其 q-grams 生成的多个分块键值划分到多个分块中。

表 3-1 展示了一个 q-grams 分块方法生成分块键值的样例，其中包含打印机品牌“canon”和因输入错误而写成“conon”的两个记录。两个记录在“noon”这个分块键值上会被划分到同一个分块中。因此，基于 q-grams 的分块方法具有更好的容错性，能够提高分块算法在匹配记录对上的召回率。

表 3-1　q-grams 分块方法样例

记录 ID	原始分块键值	Bigram 子列表	生成分块键值
$R1$	canon	[ca, an, no, on], [an, no, on], [ca, no, on], [ca, an, on], [ca, an, no], [no, on], [an, on], [an, no], [ca, on], [ca, no], [ca, an]	‘caannoon’, ‘annoon’, ‘canoon’, ‘caanon’, ‘caanno’, **‘noon’**, ‘anon’, ‘anno’, ‘caon’, ‘cano’, ‘caan’
$R2$	conon	[co, on, no, on], [on, no, on], [co, no, on], [co, on, on], [co, on, no], [no, on], [on, on], [on, no], [co, on], [co, no], [co, on]	‘coonnoon’, ‘onnoon’, ‘conoon’, ‘coonon’, ‘coonno’, **‘noon’**, ‘onon’, ‘onno’, ‘coon’, ‘cono’, ‘coon’

从表 3-1 中也可以看到，基于 q-grams 的分块方法的主要缺点就是会生成太多的新分块键值，这样一个记录就会被插入到大量的分块之中。这一点对于具有较长字符串的分块键值和较低阈值的情况表现得尤其突出，会导致较高的分块代价。因此基于 q-grams 的分块方法并不适合于具有长文本属性的大规模数据上的实体识别分块处理。

文献[19]提出了一种降低基于 q-grams 的分块方法计算代价的方法。该方法在生成 q-grams 列表的同时记录每个 q-grams 的位置，基于 q-grams 的相关位置信息设定了三个准则，并基于这三个准则对候选记录对进行过滤：第一个准则是 q-grams 计数过滤，即要求进行比较的记录对共同包含的 q-grams 数量要满足一个最小值；第二个准则是位置过滤，即共同包含的 q-grams 在各自列表中的位置不能相差太大；第三个准则是长度过滤，即进行比较的两个记录长度相差不能大于一个阈值。这样通过对候选匹配记录对的过滤，能够有效降低 q-grams 分块方法所生成的候选匹配记录对的数量。

2. 基于后缀队列的分块方法

基于后缀队列的分块（Suffix-Array Based Blocking）方法是另一种基于字符串分割的分块方法。该方法的思想与基于 q-grams 的分块方法相似，也是将原始分块键值转换为多个新的分块键值，再根据新的分块键值将记录插入到对应分块中。与基于 q-grams 的分块方法的主要区别在于，基于后缀队列的分块方法使用字符串的后缀作为转换后的分块键值，例如“canon”的后缀包括“anon”、“non”、“on”和“n”。可以很明显地看出，后缀的长度越短，其对应的分块键值所包含的记录数量就会越大，例如后缀“n”所对应的键值分块中可能会包含大量的记录，而这些记录之间的相似性并不高。为了避免生成过多的候选记录对，基于后缀队列的分块方法设置了以下两个参数来对生成的分块进行约束。

1）后缀最小长度 l_{min}。该参数对生成的后缀字符串的最小长度进行了约束，在 $l_{min}=3$ 时，“canon”的后缀只包含“anon”和“non”。这样，一个长度为 c 的分块键值生成后缀字符串数量为 $k=(c-l_{min}+1)$，对应的记录会被插入到 k 个分块中。

2）分块大小的最大值 b_{max}。为了防止某个后缀值作为分块键值时而导致的分块中包含过多的记录，在所有记录都被基于后缀队列插入到各个分块后，所有包含记录数量超过 b_{max} 的分块都会被删除。在被删除的大分块中可能存在仅被插入到了该分块中的记录，这样该分块被删除的同时这个记录就无法与其他记录进行比较了。对于这种情况可以采用删除分块中记录的方式解决，被删除的记录通常是原始分块键值最长的记录，因为这些记录的其他后缀一定导致它们被插入到了其他分块之中。

表 3-2 中包含了 4 个记录的后缀队列的分块情况，其中设定 $l_{min}=2$，$b_{max}=3$。在生成的分块中，分块键值“on”对应的分块将被删除，而能够进行记录比较的只有包含 r1 和 r2 记录的“non”对应的分块。

表 3-2 基于后缀队列的分块方法样例

记录 ID	原始分块键值	后缀集合 ($l_{min}=2$)	分块结果 ($b_{max}=3$)
*r*1	canon	canon，anon，non，on	anon={r1}，anvon={r4}，canon={r1}，conon={r2}，hanvon={r4}，non={r1，r2}，nvon={r4}，**on={r1，r2，r3，r4}**，onon={r2}，pson={r3}，son={r3}，von={r4}
*r*2	conon	conon，onon，non，on	
*r*3	epson	epson，pson，son，on	
*r*4	hanvon	hanvon，anvon，nvon，von，on	

下面我们来估算一下基于后缀队列的分块方法生成的候选记录对数量。假设每个分块中包含的记录数量都达到了上限值 b_{max}，在生成了 b 个分块的情况下，对于两个数据集合间的记录链接任务，生成的候选记录对上限数量为：

$$n=b\cdot b_{max}^2 \tag{3.5}$$

而对于单数据集合的消除重复任务，生成的候选记录对上限数量为：

$$n=b\cdot(b_{max}(b_{max}-1))/2 \tag{3.6}$$

基于后缀队列的分块的缺点与基于排序的分块方法十分相似，即一旦错误发生在字符串的尾部处，极其容易造成两个记录丢失匹配，因为生成的几乎所有后缀都不相同，因此也不会出现在同一个桶当中。这个问题的一种解决方法是使用 q-grams 方法在分块键值的字符串上生成所有长度大于 l_{min} 的子字符串，并将这些字符串作为分块键值。这种方法虽然能够避免匹配记录对遗漏的问题，但潜在的计算量却十分庞大。

3.4.3 基于MinHash的分块方法

在实体识别算法中，Jaccard距离是一种应用非常广泛的相似性度量方式，很多记录之间比较的相似性算法都是基于多个分块键值的Jaccard距离定义的。对于大数据上的实体识别任务，如果其中记录的匹配是基于Jaccard距离定义的，则可以采用一种基于MinHash的方法[13]对大规模数据记录快速估算相似度。MinHash方法本身也可以用于大规模文档聚类问题。下面首先对MinHash方法的原理进行说明。

1. MinHash方法原理

MinHash方法是基于Jaccard距离而提出的，属于局部敏感散列(LSH)方法的一种，用于快速估算两个集合的相似性。因此，MinHash方法适用于以下几种情况下的实体识别任务：

1）实体识别的记录属性值可以转换为token集合的形式进行相似性比较，通常是对长文本进行分词，如图3-1中“Canon-MF212w Wireless Black-and-White Laser Printer-Black”可以转换为token集合{“Canon”，“MF212w”，“Wireless”，“Black”，“and”，“White”，“Laser”}。

2）分块键的比较中，属性值可使用q-grams转换为token集合进行相似性比较，例如“Canon”的2-grams集合为{“ca”，“an”，“no”，“on”}。

3）基于多个分块键上的Jaccard距离计算记录的相似性。总之，实体匹配是基于Jaccard距离计算的，且其中集合元素的匹配是基于等值比较的实体识别任务，就可以使用MinHash方法进行分块优化。

MinHash方法的基本思想是：假设F是记录X上的一组特征集合，$h(x)$是一个能够把元素x映射成整数的散列函数，$\mathrm{minh}(F)$为特征集合F中的元素经过$h(x)$散列后，具有最小散列值的元素。对于两个记录的特征集合A和B，$\mathrm{minh}(A)=\mathrm{minh}(B)$成立的条件是$A \cup B$的元素中具

有最小散列值的元素也在 $A\cap B$ 中。因此，可以证明出两个集合最小散列值相等的概率等于集合 A 和 B 的 Jaccard 相似度，即 $Pr(\text{minh}(A)=\text{minh}(B))=\text{Jaccard}(A, B)=|A\cap B|/|A\cup B|$。

使用 MinHash 方法计算集合间相似性有以下几种方法。

1）使用多个散列函数。首先选定 k 个散列函数，再用 k 个散列函数分别计算特征集合 A 和 B 上的具有最小散列值的元素，假设得到 $\text{kMin}(A)=\{a_1, \cdots, a_k\}$ 和 $\text{kMin}(B)=\{b_1, \cdots, b_k\}$，则特征集合 A 和 B 的相似度可以使用 $|\text{kMin}(A)\cap\text{kMin}(B)|/|\text{kMin}(A)\cup\text{kMin}(B)|$ 进行估算。

2）使用单个散列函数。使用多个散列函数的方法具有计算复杂度高的缺点，为此可以使用单个散列函数的方法进行简化。一种简单的方法是选取前 k 个最小散列值的元素作为特征集合 A 和 B 的元素散列值集合，并计算相似度。

MinHash 方法的性能优势主要体现在对于大规模记录匹配的处理。假设有 n 个记录，需要进行匹配的维度为 m，如果选取的散列函数或选取最小散列值的数量为 k，则需要进行实际匹配的矩阵为 $n\cdot k$，而原始的匹配矩阵为 $n\cdot m$，因此在 n 远大于 m 时可以降低计算的代价。

2. 基于 MinHash 的记录分块

基于 MinHash 方法可以实现对海量数据记录进行匹配的分块处理，在海量数据上生成能够进行实体匹配相似性计算的候选集。

在基于 MinHash 的分块方法中，使用对集合中元素向量的随机排序来代替用散列函数来计算每个元素的散列值。假设 π 是记录 X 的特征集合 F 上元素的一个随机排序，这个随机排序可由一个随机散列函数生成，则 $\text{minh}(F)$ 为特征集合 F 在 π 上的最小元素。下面我们通过一个例子来看一下 MinHash 值是如何生成的。

假设，我们将图 3-1 中 Bestbuy 中的部分打印机描述信息转为 token 集合如下：$P1$＝{“HP”，“ENVY5560”}，$P2$＝{“Epson”，“WF2760”}，$P3$＝{“HP”，“M277dw”}，$P4$＝{“Canon”，“MF212w”}。其中的 token 可以转换为特征集合{“HP”，“ENVY5560”，“Epson”，“WF2760”，“M277dw”，“Canon”，“MF212w”}，则生成的特征矩阵如图 3-6a 所示。如果对该集合执行一次 MinHash，通过随机排序生成的特征元素行排列顺序为 $e6<e7<e1<e4<e5<e3<e2$，如图 3-6b 所示，则 minh($P1$)＝$e1$，minh($P2$)＝$e4$，minh($P3$)＝$e1$，minh($P4$)＝$e6$。其中 $P1$ 和 $P3$ 在这次 MinHash 执行中具有相同的值，会被划分到同一个桶当中。

特征元素		$P1$	$P2$	$P3$	$P4$
$e1$	HP	1	0	1	0
$e2$	ENVY5560	1	0	0	0
$e3$	Epson	0	1	0	0
$e4$	WF2760	0	1	0	0
$e5$	M277dw	0	0	1	0
$e6$	Canon	0	0	0	1
$e7$	MF212w	0	0	0	1

a)

特征元素		$P1$	$P2$	$P3$	$P4$
$e6$	Canon	0	0	0	1
$e7$	MF212w	0	0	0	1
$e1$	HP	1	0	1	0
$e4$	WF2760	0	1	0	0
$e5$	M277dw	0	0	1	0
$e5$	Epson	0	1	0	0
$e2$	ENVY5560	1	0	0	0

b)

图 3-6　基于随机排序的 MinHash 计算

然而，仅执行一次 MinHash 就决定记录的分块，显然执行结果是不可靠的，这样会丢失大量的匹配记录对。为此，需要在矩阵中多次执行对行的随机排序，生成多个行排列来计算出多个 MinHash 值。如果仅计算记录间的相似度，那么此时使用得到的多个 MinHash 值就可以计算记录间的 Jaccard 相似度了。

接下来要处理的问题是如何设计分块模式，以便将 Jaccard 相似度大于给定阈值 s 的记录对划分到同一个分块中。为此，基于 MinHash 的分块方法采用执行 $r \cdot k$ 次随机排序计算各记录的 MinHash 值以组成记录的签名(Signature)，其中每 r 次随机排序的 MinHash 值构成一个分组(Band)，共 k 个分组，如图 3-7 所示。在进行分块时，两个记录只要在 k 个分组中的一组中具有相同的 MinHash 值，就会被划分到相同的分块中。

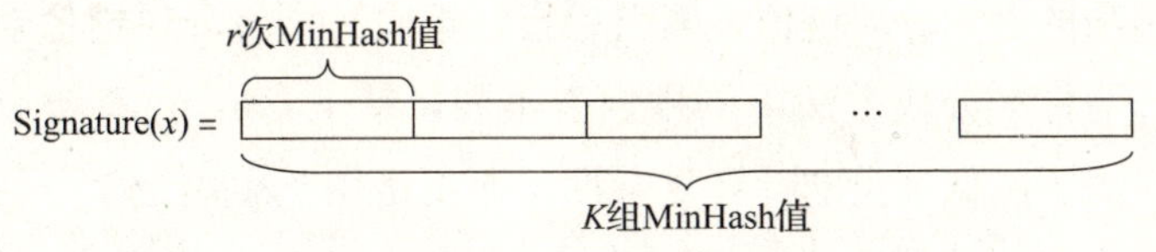

图 3-7　基于 MinHash 的记录签名

基于 MinHash 的分块方法并不能保证发现全部的匹配记录对，这种方法在分块后产生假阴性(False Negatives)的概率(即未识别出匹配记录对的概率)与记录间的 Jaccard 相似度值相关。Jaccard 相似度值为 s 的两个记录未被划分到同一个分块中的概率 P_{FN} 为：

$$P_{\mathrm{FN}}=(1-s^r)^k \tag{3.7}$$

这样，具有较高 Jaccard 相似性的两个记录未被划分到同一个分块中的概率值很低。例如，假设我们取 $r=5$ 和 $k=20$，则相似性为 0.9 的两个记录未被放入任何一个分块中的概率是 1.75×10^{-8}，而相似性为 0.2 的两个记录未被放入任何一个分块中的概率大约是 0.99。

3.4.4　基于 Canopy 聚类的分块方法

基于 Canopy 聚类的分块[18,20](canopy clustering)方法是将记录的分块看作对记录的聚类任务，尽可能将相似的记录放入同一个聚类之中。然而，对于数据分块方法而言，要求其执行代价必须尽可能小，以便能够在很大规模的数据上运行。为此，基于 Canopy 聚类的分块方法通过高效的相似性计算方法将记录划分到一个或多个聚类之中。

1. Canopy 聚类分块方法原理

基于 Canopy 聚类的分块方法适用于分块键值间的相似度是基于 token的 Jaccard 距离或余弦距离计算的，其中的 token 可以是从分块键值中转换得到的单词或 q-grams。基于聚类的分块方法需要首先对记录的分块键值进行预处理。先将字符串类型的分块键值转换为 token 集合以生成新的分块键值，再基于这些新的分块键值构建倒排索引，索引中每个索引项的键为分块键值，索引项指针指向一个该分块键值对应的记录列表。与标准分块方法中倒排索引不同，基于 Canopy 聚类分块的倒排索引是为了降低聚类的计算复杂性，而不是用于生成记录分块的，因此在倒排索引的结构中增加了一些统计值。一个统计值是“文档频度”(Document Frequency)，这个值记录一个 token 在给定记录中出现的频率。另一个统计值是“词汇频度”(Term Frequency)，这个值记录在每个索引项上，标识该键值对应了多少个记录。表 3-3 为一组打印机描述数据记录，其中通过分词将文本转换为 token 集合并统计了文档频度，图 3-8 为这组记录生成的倒排索引结构，其中“HP”在两个记录中出现，“wireless”在 4 个记录中出现。索引中索引项 t 的“词汇频度”可以直接转换为“逆文档频度”(Inverse Document Frequency，IDF)，$\mathrm{idf}=n/\mathrm{tf}(t)$，其中 n 为数据集合记录数量。

表 3-3 聚类分块方法样例数据

记录 ID	分块键值(打印机描述)	token 列表
*r*1	HP ENVY5660 Wireless	[(HP，1)，(ENVY5660，1)，(Wireless，1)]
*r*2	Epson Work Force WF2760 Wireless	[(Epson，1)，(Work，1)，(Force，1)，(WF2760，1)，(Wireless，1)]
*r*3	HP LaserJet Pro M277dw Wireless	[(HP，1)，(LaserJet，1)，(Pro，1)，(M277dw，1)，(Wireless，1)]
*r*4	Canon MF212w Wireless	[(Canon，1)，(MF212w，1)，(Wireless，1)]

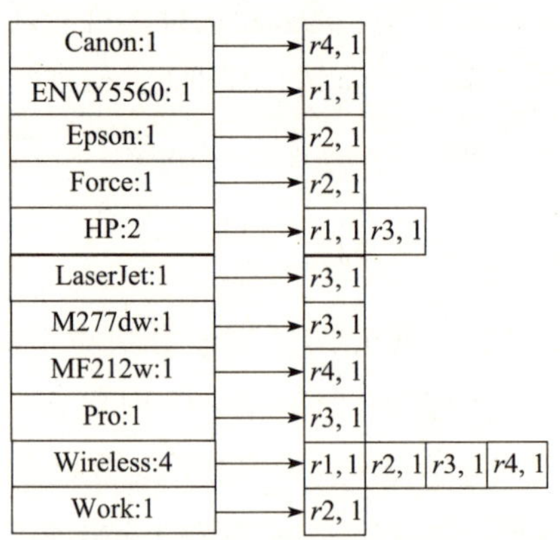

图 3-8 聚类分块方法的倒排索引

基于Canopy聚类的分块方法生成的是重叠聚类，即一个记录可以被划分到多个类簇中。假设给定数据集合 R，两个相似度阈值 t_l 和 t_t，利用倒排索引结构的Canopy聚类分块算法执行步骤如下：

1）随机从数据集合 R 中选择一个记录 r_c，并以该记录作为一个新类簇的中心 $C_i=\{r_c\}$。

2）基于记录 r_c 的token，利用索引找到数据集合 R 中所有与 r_c 具有公共token的记录 r_x，并使用Jaccard算法或TF-IDF余弦算法计算记录 r_c 与 r_x 之间的相似度 $\mathrm{Sim}(r_c, r_x)$。

3）对于每个 r_x，如果其与 r_c 的相似度 $\mathrm{Sim}(r_c, r_x)$ 大于阈值 t_l，则将 r_x 插入到 C_i 中。

4）对于每个 $r_x \in C_i$，如果其与 r_c 的相似度 $\mathrm{Sim}(r_c, r_x)$ 大于阈值 t_t，则将 r_x 从 R 中移除，同时将 r_c 从 R 中移除。

5）重复执行以上步骤直到 $R=\varnothing$ 时停止。

其中，相似度阈值 t_l 和 t_t 是两个关键的参数，其中 t_l 是松弛阈值，t_t 是紧缩阈值，这里要求 $t_l \leqslant t_t$。如果有 $t_l=t_t$，则Canopy聚类的结果中各个类簇间将没有重叠，即每个记录只会被插入到一个类簇中。而如果 $t_l=t_t=1$，则基于Canopy聚类的分块将等同于标准分块算法的结果。在Canopy聚类算法执行结束后，所得到的每个类簇 C_i 将被作为一个记录分块，分块内的记录将两两组合生成候选记录对。

2. Canopy聚类分块方法的两种策略对比

上面介绍的基于Canopy聚类的分块方法采用相似度阈值 t_l 和 t_t 实现对类簇的划分，其缺点在于难以控制分块的大小和生成的候选记录对。由于在算法执行时影响分块结果的因素主要包括分块键值的分布、相似度函数以及两个相似度阈值 t_l 和 t_t，这些因素共同决定了分块中所生成聚类的大小。如果松弛阈值过小且紧缩阈值过大将可能造成较多的候选记录对，而分块键值的分布也会影响聚类的结果。因此在执行算法之前很难对所生成类簇的大小进行估计。

为此，另一种基于 Canopy 聚类的分块方法使用最近邻居方法实现类簇的划分。具体的方式是，在算法中不使用松弛阈值 t_l 和紧缩阈值 t_t 对放入类簇的记录进行判定，而是设定两个最近邻居参数 n_l 和 n_t，其中 $n_t \leqslant n_l$。在算法中，对于一个新类簇的中心结点 r_c，选取距离 r_c 点最近的 n_l 个结点放入类簇 C_i 中，同时将与 r_c 间距离最近的 n_t 个点从数据集合 R 中移除。这样每个聚类的大小被限制为 n_l+1 个记录，也就同时限制了候选记录对的生成数量。然而，该方法由于限制了聚类的大小，对于分块键值分布不平均的数据集合，有些类簇会因最近邻居参数的限制而将本身也属于匹配的记录隔离在外，这样将直接导致结果中丢失那些真实匹配的记录对。

相关的实验证明基于相似度阈值的 Canopy 聚类分块方法性能要优于基于最近邻居的 Canopy 聚类的分块方法，尤其是在大规模数据集合上的消除重复任务上。

3.4.5 基于前缀过滤的分块方法

对于使用 Jaccard 相似度识别记录间匹配关系的情况，还可以使用基于前缀过滤的分块方法[15]。该方法能够根据给定的相似度阈值有效地过滤候选记录对。

1. 基于前缀过滤分块方法的原理

基于前缀过滤的分块方法与前文介绍的基于 MinHash 的分块方法和基于 Canopy 聚类的分块方法类似，都是面向使用 Jaccard 相似度而设计的分块方法。该方法对数据记录的分块是基于一个给定的 Jaccard 相似度阈值而执行的，两个记录只有在分块键的键值上 Jaccard 相似度大于给定阈值，才保证生成两个记录的候选记录对。因此，基于前缀过滤的分块方法首先会将记录的初始分块键值转换为 token 集合或 q-grams 集合，以便能够计算 Jaccard 相似度。

基于前缀过滤的分块方法的原理是利用了 Jaccard 相似度和重叠相

似度(Overlap Similarity)之间的转换关系。我们知道，两个集合间Jaccard相似度的定义为$J(x, y)=|x\cap y|/|x\cup y|$，而重叠相似度则定义为$O(x, y)=|x\cap y|$。对于给定Jaccard相似度阈值$t$(即两个键值相似度大于$t$就认为匹配)，有如下转换公式：

$$J(x,y)\geqslant t \Leftrightarrow O(x,y)\geqslant \alpha=\frac{t}{1+t}\cdot(|x|+|y|) \tag{3.8}$$

因此，对于给定记录x和相似度阈值t，则记录y如果与x匹配，至少要与记录x之间具有$\left[\frac{t}{1+t}\cdot(|x|+|y|)\right]$个相同的token。因此，如果两个记录相似度大于阈值t，则它们在一个特定长度的前缀内必然存在相同的token。如果将记录包含的每个token都作为分块键值将记录插入到一个分块中，则该方法与标准分块方法相同。这样会导致各个分块中的记录数量增加，从而增加候选记录对的数量，不会提高分块的效率。为此，需要尽可能地减少每个记录作为分块键值的token数量，从而在不丢失匹配记录对的前提下将记录插入到尽可能少的分块中。我们知道，对于两个记录只要它们在一个分块中同时出现，就会被作为候选记录对执行比较。因此，如果两个记录相似度符合阈值约束，通过覆盖相似度可知我们可以为每个记录选取一个最小的token子集，使这个子集中至少包含一个公共token。该性质可以形式化描述为定理3.1[15]。

定理3.1(前缀过滤原则) 对于一组记录，在其所包含的所有token上有一个全局排序O，每个记录中的token均基于O进行排序。如果$O(x, y)\geqslant\alpha$，则记录x的前$(|x|-\alpha+1)$个token和记录y的前$(|y|-\alpha+1)$个token之间至少具有一个相同的token。

这样，我们只需要基于记录的一部分token作为分块键值，将记录插入到对应分块中即可。这里需要处理的一个问题是每个记录在与其他记录匹配之前就需要确定分块，而其前缀的长度需要根据与其比较的记录的长度来决定。对于这一问题的处理方法是对于记录x使用可能用到的最长的前缀作为其分块键值集合，即前$(|x|-\lceil t\cdot|x|\rceil+1)$个token。这是因为可以证明：对于记录$x$，如果在其前$(|x|-\lceil t\cdot|x|\rceil+1)$个

token中记录 y 没有任何一个 token 相同，则记录 x 和记录 y 间的 Jaccard 相似度必然低于阈值 t。

在选取了 $|x|-\lceil t\cdot|x|\rceil+1$ 个前缀 token 作为每个记录的分块键值之后，就可以执行分块操作了。基于前缀过滤的分块方法同样使用倒排索引来作为生成分块的数据结构，对应算法的执行步骤如下。

1）为分块键值创建倒排索引。对于数据集合中每个记录 x 的 $|x|-\lceil t\cdot|x|\rceil+1$ 个前缀 token，创建倒排索引索引项，并将记录加入到相应索引项中。

2）生成候选记录对。倒排索引中每个索引项作为一个数据分块，分块内的记录两两组合形成候选记录对。尽管两个记录可能会在多个分块中生成候选记录对，但匹配操作依然仅会被执行一次。

下面我们以图 3-1 中的数据为例，选取表 3-4 中三个记录对基于前缀匹配的分块算法进行说明，取相似度阈值 $t=0.6$。首先对三个记录的分块键值转换为 token 并基于字符的字典序对 token 进行排序，执行结果如图 3-9 所示。其中基于前缀长度的计算公式，三个记录的前缀长度分别为 $|p(W3)|=4$，$|p(B2)|=4$，$|p(B4)|=4$，对应的前缀分别为 $p(W3)=\{$"canon"，"copier"，"laser"，"MF212w"$\}$，$p(B2)=\{$"all-in-one"，"epson"，"force"，"printer"$\}$，$p(B4)=\{$"black"，"canon"，"MF212w"，"laser"$\}$。基于这些前缀构建分块键值的倒排索引，从图 3-9 中可以看到，$W3$ 和 $B4$ 两个记录在三个索引项中同时出现，因此将生成候选记录对$(W3, B4)$，其 Jaccard 相似度为 $J(W3, B4)=0.68$。而另外两个记录对$(W3, B2)$和$(B2, B4)$的 Jaccard 相似度分别为 $J(W3, B2)=0.17$ 和 $J(B2, B4)=0.18$，因此在分块中被过滤。

表 3-4　记录的打印机描述分块键

ID	打印机描述
$W3$	Canon MF212w Wireless Laser Printer /Copier /Scanner
$B2$	Epson Work Force WF2760 Wireless All-In-One Printer
$B4$	Canon MF212w Wireless Laser Printer Black

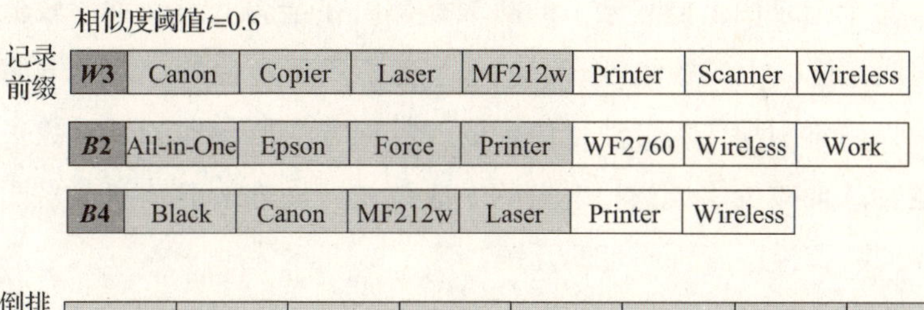

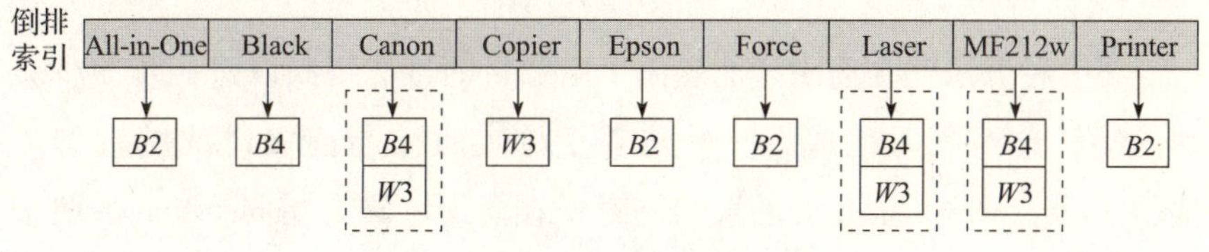

图 3-9 基于前缀过滤的倒排索引及分块

基于前缀过滤的分块方法是利用集合覆盖相似度只比较一个前缀长度的 token 集合，可以将不满足相似度阈值的记录对尽可能地过滤掉，从而提高记录分块的性能。

2. 基于前缀过滤分块方法的改进

基于前缀过滤分块方法的缺点是，在相似度阈值设置较低且记录的原始分块键值包含 token 较多时，依然会生成大量的候选记录对。同时一些高频词的存在也会使在这些高频词上的分块包含过多的记录，从而生成大量候选记录对。为此，提出两种基于前缀过滤的分块方法的改进方法：一个是减少前缀所生成倒排索引中每个索引项的列表中记录数量，另一个是继续对分块中的候选记录对进行过滤。

要减少由倒排索引所生成记录分块中的记录数量，可以采用基于 token 频率排序的方法。该方法的步骤如下：

1）对所有记录原始分块键值中 token 集合进行词频统计和排序，所有 token 按照在全部记录中出现的频率分布由低到高排序，得到全局排序 O_f。

2）所有记录分块键值中的 token 按照 O_f 进行排序，并计算前缀 token集合。

这样，每个记录用于创建索引的前缀都是由在全局上出现频率较低的 token 构成。这样生成的倒排索引的每个索引项所对应的记录列表将达到最小，而由索引项作为分块键值生成的数据分块所包含的记录数量也是最小的，从而减少了候选记录对的生成数量。该方法的缺点是对于统计 token 词频和排序需要一定的开销。

另一种方法是在前缀过滤基础上增加新的过滤规则以进一步减少分块内的候选匹配对生成。一种是基于位置过滤与前缀过滤结合的方法——ppjoin[15]。该方法的思想是对于在前缀中具有相同 token 的两个记录，利用 token 的位置信息可以估计键值的相似性是否有可能符合阈值。假设记录 x 的分块键为 $k_x=\{A, B, C, D, E\}$，记录 y 的分块键为 $k_y=\{B, C, D, E, F\}$，相似度阈值 $t=0.8$，则基于前缀过滤方法记录 x 的前缀为 $\{A, B\}$，记录 y 的前缀为 $\{B, C\}$。可以看到记录 x 和 y 都将被插入到 B 的分块中。然而，如果我们考虑 B 在记录 x 和 y 的 token 队列中的位置信息，会发现这两个记录能够匹配的最多的 token 数量为 $1+\min(3, 4)=4$，则这两个记录的相似度最大为 $4/6=0.67$，因此不满足阈值可能被过滤掉。为此提出了位置过滤原则(定理 3.2)，用于进一步过滤候选记录对。

定理 3.2(位置过滤原则)　对于一组记录，在其所包含的所有 token上有一个全局排序 O，每个记录中的 token 均基于 O 进行排序。假设有 token 为 $w=x[i]$，w 将记录的 token 队列分成了左分区 $C=x[1..i-1]$ 和右分区 $x_r(w)=x[i..|x|]$。如果 $O(x, y)\geqslant\alpha$，则对于每个 $w\in x\cap y$，有 $O(x_l(w), y_l(w))+\min(|x_r(w)|, |y_r(w)|)\geqslant\alpha$。

假设 w 在记录 x 和 y 中分别为 $x[i]$和 $y[j]$，在实际的算法实现中，α 可根据式(3.8)中计算公式获得，右分区的最大匹配 token 数量为 $\min(|x_r(w)|, |y_r(w)|)=1+\min(|x_r(w)|-i, |y_r(w)|-j)$。基于位置过滤的操作需要在分块中生成候选记录对时计算 $O(x_l(w), y_l(w))$，因此会增加分块的执行代价。

3.5　本章小结

本章介绍了实体识别中的数据分块技术。分块技术将数据集合划分为多个数据块，其中相互匹配的记录被划分到同一个数据块中，而不能匹配的记录则插入到不同的数据库中。数据分块技术主要用于减少实体识别中比较记录对的数量，从而提高实体识别整体的执行效率。数据分块中一个关键的问题是分块键定义，优化的分块键定义能够在保证发现真实匹配记录对的基础上尽可能地缩减比较记录对的数量。通常情况下，分块键是根据经验手工设置的，对于分块键较多的情况也提出了基于学习的分块键定义方法。对于使用相似度作为属性值间匹配判断方式的实体识别方法，则需要根据具体的相似性算法和实体记录的特征选择合适的分块方法，这类算法包括基于排序的方法、基于 MinHash 的方法、基于聚类的方法和基于映射的方法等，其中基于排序的方法和基于 MinHash 的方法更适合大数据上的实体识别任务。在各种分块算法中，倒排索引结构被广泛用于处理分块键或排序键的键值，以生成分块或为生成分块提供索引。而无论在哪种分块算法中，虽然一个候选记录对可能在多个分块中出现，但最终执行比较操作时都只会被执行一次以判断两个记录是否匹配。

实体识别的分块技术不仅降低了实体识别中记录匹配的执行代价，也使得在大数据上的实体识别任务能够在分布式处理框架上进行并行处理，从而进一步提升实体识别任务的执行效率。

参考文献

[1] Christen P. A survey of indexing techniques for scalable record linkage and deduplication[J]. IEEE Transactions on Knowledge and Data Engineering X(Y), 2011.

[2] Baxter R, Christen P, Churches T. A comparison of fast blocking methods for

record linkage[C]. In ACM SIGKDD Workshop on Data Cleaning, Record Linkage and Object Consolidation, Washington DC, 2003: 25-27.

[3] Winkler W E, Yancey W E, Porter E H. Fast record linkage of very large files in support of decennial and administrative records projects[C]. In Proceedings of the Section on Survey Research Methods, American Statistical Association, 2010: 2120-2130.

[4] Michelson M, Knoblock C A. Learning blocking schemes for record linkage [C]. In AAAI. Boston, 2006.

[5] Peter Christen. Data Matching[M]. Springer, 2012.

[6] Odell M, Russell R. The soundex coding system [P]. US Patents 1261167, 1918.

[7] Holmes D, McCabe C M. Improving precision and recall for Soundex retrieval [C]. In Proceedings of the IEEE International Conference on Information Technology—Coding and Computing. Las Vegas, 2002.

[8] Lait A, Randell B. An assessment of name matching algorithms[R]. Tech. rep., Department of Computer Science, University of Newcastle upon Tyne, 1993.

[9] Borgman C L, Siegfried S L. Getty's synonameTM and its cousins: A survey of applications of personal name-matching algorithms[J]. Journal of the American Society for Information Science, 1992, 43(7): 459-476.

[10] Philips L. The double-metaphone search algorithm[J]. C/C++ User's Journal, 2000, 18(6).

[11] Bilenko M, Kamath B, Mooney R J. Adaptive blocking: Learning to scale up record linkage[C]. In IEEE ICDM, Hong Kong, 2006: 87-96.

[12] D Peleg. Approximation algorithms for the Label-CoverMAX and Red-Blue Set Cover problems[C]. In Proceedingsof SWAT-2000, LNCS 1851,2000.

[13] Broder, Andrei Z. On the resemblance and containment of documents[C]. In Compression and Complexity of Sequences: Proceedings, 1997.

[14] Hernandez M A, Stolfo S J. The merge/purge problem for large databases[C]. In ACM SIGMOD, San Jose, 1995: 127-138.

[15] Xiao C, et al. Efficient similarity joins for near duplicate detection[C]. International Conference on World Wide Web, 2008, 36: 563-574.

[16] Yan S, et al. Adaptive sorted neighborhood methods for efficient record linkage [C]. In ACM/IEEE-CS joint conference on Digital Libraries, 2007: 185-194.

[17] Draisbach U, Naumann F. A comparison and generalization of blocking and windowing algorithms for duplicate detection[C]. In Workshop on Quality in Databases, held at VLDB. Lyon, 2009.

[18] McCallum A, Nigam K, Ungar L H. Efficient clustering of high-dimensional data sets with application to reference matching[C]. In ACM SIGKDD, Boston, 2000: 169-178.

[19] Gravano L, et al. Approximate string joins in a database (almost) for free[C]. In VLDB, Roma, 2001: 491-500.

[20] Cohen W, Richman J. Learning to match and cluster large high-dimensional data sets for data integration[C]. In ACM SIGKDD, Edmonton, 2002: 475-480.

第4章 ‖

基于机器学习的实体识别方法

机器学习方法是与领域无关的通用实体匹配算法，其基本思想是对训练样本进行多次迭代计算以得到匹配模型的参数值，以避免人工确定字段权重和匹配阈值。目前，基于机器学习的实体识别方法主要分为两类：基于分类器的实体识别方法和基于概率图模型的实体识别方法。

4.1 基于分类器的实体识别方法

基于分类器的实体识别方法将实体识别问题视为一种分类问题，最终将记录对归类为匹配和不匹配两大类。例如，假定实体的类别为文章，每篇文章对应一条数据记录，由文章名、作者名、出处等属性进行描述。实体识别的目标就是要从这些记录中识别出重复的文章记录。也就是说，针对每两条记录，根据它们的匹配程度，赋予其一个“匹配”或“不匹配”的类别标签。那么，如何将它们准确地进行分类呢？核心问题是要确定合适的参数(如属性权重、相似度阈值)、匹配函数以及匹配规则等。借助于机器学习理论中的决策树、贝叶斯分类器、SVM、主动学习等模型及相关策略，能够很好地解决分类问题，进而解决实体识别问题。

基于分类器的实体识别方法的基本思想是：首先建立一个初始的实体识别模型；然后，利用训练数据集(即一组已人工标记好“匹配”或“不匹配”的记录对)对该模型进行反复训练，逐渐地，模型在训练中能够学习到“如果哪些属性相似，那么记录对匹配的概率会更大”“应用哪种匹配函数会得到与标记结果更加类似的识别结果”“记录之间的相似度要达到什么程度，才能认为它们是匹配的”等内容；最终，将这些学习到的参数、函数以及规则应用于实体识别模型中，以提高实体识别的准确度。上述过程如同婴儿认知世界的过程，首先婴儿来到这个世界，然后由父母、老师不断地教授其知识，使婴儿逐渐学习知识，从而建立起对世界的认知。

按照所采用的分类方法不同，基于分类器的实体识别可分为基于决策树的实体识别、基于贝叶斯分类器的实体识别、基于 SVM 的实体识别、基于主动学习的实体识别、基于误差逆传播算法的实体识别和基于遗传编程算法的实体识别等。一般情况下，这些待匹配的记录被看作独立且均匀分布的。

4.1.1　基于决策树的实体识别方法

决策树(Decision Tree)是一种常见的机器学习方法。利用决策树可以对给定训练集进行学习，以对新示例进行分类。一棵决策树包含一个根结点和若干个内部结点，以及若干个叶子结点，叶子结点对应于决策结果，即我们所希望的判定结果，其他每个结点则对应于一个属性测试。由于实体识别问题可被视为一种分类问题，因此一些文献提出了基于决策树的实体识别方法。

1. 一个实例

基于决策树的实体识别方法是针对实体识别过程中参数较多、匹配复杂度较高等问题而提出的。例如，假定存在两个数据集——wireline 和 wireless，它们中的某些记录是匹配的。实体识别的任务就是要将这些匹配的记录识别出来，即需要确定出能够将它们正确分类（“匹配”或“不匹配”）的匹配规则。匹配规则包含了分类属性、属性阈值、相似度计算函数等信息。考虑如下匹配规则：对于分别来自 wireline 和 wireless 的两条记录 r1 和 r2，如果它们在 address 属性的编辑距离小于 3、name 属性的编辑距离小于 4、r1 的 address 属性值长度大于 5，则认为它们是匹配的。该规则涉及 address 属性、name 属性、相似度计算函数、距离阈值、属性长度等参数。实验数据表明，如果实体识别所涉及的参数数量较多（大于 4 个），则无法采用手工的方法对它们的取值进行准确而合理的设置[1]。

利用决策树理论可以将甄别能力较强的参数作为分类基准，以此来提高实体识别的性能。针对上面的实例，就是要进行分类树决策，相当于通过 address 属性是否相似、name 属性是否相似、address 属性是否达到一定长度将记录对划分为两个类别：匹配和不匹配。为此，一些基于决策树的实体识别方法[1-3]被提出。

2. 基于决策树的实体识别算法

基于决策树的实体识别方法可以有效地解决上述问题。该类方法的基本思想是：将两个实体是否匹配的问题转换为基于树结构来进行决策的问题。该决策过程包括一系列的判断或“子决策”（先看某个属性即参数的取值，根据其状况再判断其子结点对应的属性），以得出最终决策（即这两个实体是否是匹配的）。基于决策树的实体识别的目标是要产生一棵泛化能力强的决策树，使其能遵循简单且直观的“分而治之”的策略，针对实体是否匹配的问题进行决策。因此，基于决策树的方法可以对待匹配的属性做出选择，挑选出当前数据集下鉴别度较高的属性进行匹配，以降低实体识别算法的复杂度。

下面以文献[1]为例来介绍基于决策树的实体识别算法。该文献将机器学习方法与统计学方法相结合，利用决策树来识别及消除冗余或无用的参数。算法流程如下。

1）生成训练集。首先，从样本数据库中选出训练样例，尽量将来自不同数据集的重复样本作为训练样例；然后，以表格的形式将训练样例表示为训练集，该表格由 7 列参数构成（是否匹配的类标签、address 属性的编辑距离、name 属性的编辑距离、address 属性分别在 wireline 和 wireless 中的长度、name 属性分别在 wireline 和 wireless 中的长度），表中每一行表示一对匹配记录。

2）基于 CART 算法生成匹配规则。其基本思想是使用“基尼（Gini）指数”来选取划分参数，该指数反映了从数据集中随机抽取的两个样本类别标记不一致的概率。Gini 指数越小，数据集的纯度越高。因此，对于候选参数集合，要选择使得划分后 Gini 指数最小的参数作为最优划分参数。例如，对于 name 属性的长度这一参数，由于它的 Gini 指数较大，因此赋予该参数的权值就较弱，生成的匹配规则为：

$$2 \times \text{Addressdistance} + 1.3 \times \text{Namelength} < 3 \rightarrow \text{匹配}$$

3）基于模型选择（Model Selection）策略降低复杂度。其目标是选取一组参数，在该组参数的作用下，使得分类的准确度与复杂度达到最佳平衡点，最终生成的决策树如图 4-1 所示。从图中可以看出，通过对参数进行筛选，决策树的很多分支没有被展开，因此显著减少了决策树的训练时间开销和测试时间开销，降低了算法的复杂度。

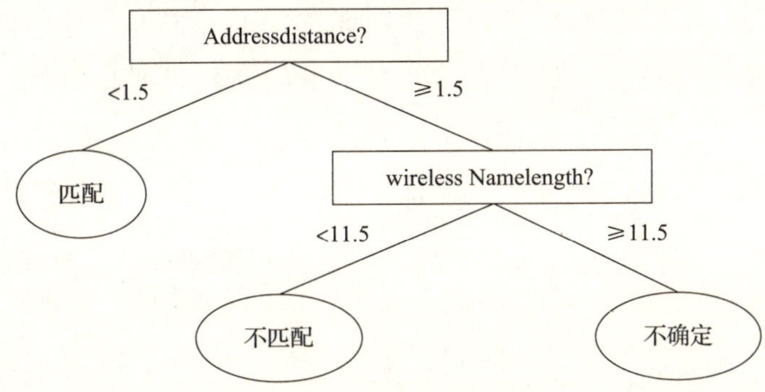

图 4-1　基于决策树的实体识别示例

4.1.2 基于贝叶斯分类器的实体识别方法

贝叶斯决策论是概率框架下实施决策的基本方法。对于实体识别任务来说，在所有相关概率都已知的理想情形下，利用贝叶斯决策论可以基于这些概率和误判损失来选择最优的类别标记。因此，一些基于贝叶斯分类器的实体识别方法被提出。

1. 一个实例

对于每个实体对来说，实体识别的目标是要判断它们是否在现实世界中是等价的(即相互匹配)。因此，实体识别问题可以用分类方法加以解决，其类别标记为“匹配”或“不匹配”。表 4-1 表示一个训练数据集，包含了记录对的匹配情况，即匹配规则。这些规则将用于对“人”的记录进行匹配。其中，每条匹配规则由一些属性描述(如是否重名、性别是否相同、姓名是否存在缺失、城市是否相同、街道是否相同等)。若存在测试实体对{(张三，男，沈阳市，和平区)，(张三，男，沈阳市，沈河区)}，需要对其进行匹配决策，即判断它们是否是匹配的。它们所符合的匹配规则为：(重名，性别同，姓名不存在缺失，城市相同，街道不同，…)，如表 4-2 所示。该实体对是否匹配，既与实体的整体情况相关，又与该匹配规则的各个属性相关。若类别为“匹配”的先验概率较高(表 4-1 中类别为“匹配”的先验概率为 0.75)，且测试样例所符合的匹配规则中各个属性在“匹配”下的条件概率较高(表 4-1 中 $P_{重名|匹配}=1$，$P_{性别同|匹配}=0.67$，$P_{姓名不存在缺失|匹配}=1$，$P_{城市相同|匹配}=0.67$，$P_{街道不同|匹配}=0.33$)，则测试实体对相互“匹配”的后验概率就较高($P_{匹配}\times P_{重名|匹配}\times P_{性别同|匹配}\times P_{姓名不存在缺失|匹配}\times P_{城市相同|匹配}\times P_{街道不同|匹配}=0.75\times1\times0.67\times1\times0.67\times0.33=0.11$)。若测试实体对“匹配”的后验概率大于“不匹配”的后验概率，则认为它们是匹配的，反之认为它们不匹配。

表 4-1　训练数据集示例

编号	重名	性别同	姓名存在缺失	城市相同	街道相同	…	匹配
1	是	是	否	是	是	…	是
2	是	是	否	否	是	…	是
3	是	否	否	是	否	…	是
4	否	是	是	是	否	…	否

表 4-2　测试数据示例

编号	重名	性别同	姓名存在缺失	城市相同	街道相同	…	匹配
1	是	是	否	是	否	…	?

基于贝叶斯判定准则可以有效地对这种后验概率进行估计，因此一些文献提出了基于贝叶斯分类器的实体识别方法，该方法是一种较早地将机器学习理论应用于实体识别问题的方法。例如，文献[4]提出了 Fellegi-Sunter 模型，该模型实现了基于贝叶斯概率的实体匹配策略。文献[5-7]针对 Fellegi-Sunter 模型所存在的问题(如在估计记录的“不匹配”程度上过于乐观、应用范围有限等)进行了分析，并对此进行了改进，采用期望最大化(Expectation Maximization，EM)算法来计算最大似然率，以此估计模型参数。文献[8]给出了一个贝叶斯网络模型的计算方法，并针对最大似然率的估计、先验概率和后验概率的计算等问题进行了研究。

2. 基于贝叶斯分类器的实体识别算法

基于贝叶斯分类器的实体识别方法的基本思想是：针对某对实体，通过“匹配”(或“不匹配”)的先验概率，利用贝叶斯判定准则计算出其后验概率，即该实体对属于“匹配”类别(或“不匹配”类别)的概率，选择具有最大后验概率的类作为该实体对所属的类。也就是说，要利用贝叶斯分类器达到“匹配”(或“不匹配”)分类错误率的最小化。贝叶斯判定准则如公式(4.1)所示，其中，$P(c)$是类先验概率，这里的 c 指“匹配”、“不匹配”两种类别；$P(x|c)$是样本 x(即某对实体所满足的匹配规则)相对于类标记 c 的类条件概率，也就是在“匹配”(或“不匹配”)的条件下，样本 x 发生的概率，也被称为“似然”；$P(x)$是用于

归一化的“证据”因子，该因子一般与类标记无关，因此估计 $P(c|x)$ 的问题就转化为如何基于训练数据来估计先验概率 $P(c)$和似然 $P(x|c)$。

$$P(c|x)=\frac{P(c)P(x|c)}{P(x)} \tag{4.1}$$

基于贝叶斯分类器的实体识别方法是一种基于概率方法的数据匹配策略，该方法需要计算实体对的匹配比率，根据比率大小对它们进行分类。对于任何一对实体记录，根据其匹配比率可以被划分到两个决策空间：匹配和不匹配(也可以是三个决策空间：匹配、不匹配和可能匹配)。该方法的算法流程如下。

1) 构建训练数据集。该数据集中的每条记录代表某对实体在各个属性上的匹配情况，即满足的匹配规则，并将其用“比较向量”来表示。向量中的每一维代表该实体对在某个属性或某组属性上的匹配情况，如姓名是否相同、姓名是否存在缺失、城市是否相同等。同时，训练数据集中的每条记录已经被人工标记了其所属的类别(“匹配”或“不匹配”)。

2) 构建待匹配实体对的“比较向量”。针对待匹配的某对实体记录 r_i 与 r_j，与步骤 1 相类似，用“比较向量”(记为 x)来表示它们在各个属性上的匹配情况。

3) 计算先验概率 $P(c)$。根据训练数据集中的记录在决策空间上的分布情况计算“匹配”、“不匹配”的先验概率。

4) 计算“比较向量” x 在某种类标记下的条件概率 $P(x|c)$。也就是要计算在“匹配”(或“不匹配”)的条件下，x 发生的概率。该概率值与构成 x 的各个维是相关的，若各维属性上的匹配情况与训练数据集中的匹配情况越发一致，即说明前者在训练数据集中频繁地发生，则 $P(x|c)$的值就越高。

5) 计算后验概率 $P(c|x)$。根据 $P(c)$、$P(x|c)$，应用公式(4.1)计算 x 被标记为 c 的后验概率，并根据该值将 x 进行类标记。如果后验概率 P(匹配$|x$)大于 P(不匹配$|x$)，则将 x 判断为匹配的“比较向量”，即认为 r_i 与 r_j 是匹配的；否则，认为它们不匹配。

值得注意的是，在缺乏训练样本数据的条件下，上述解决方案将无法准确地对实体对进行类标记。为此，一些文献在上述解决方案的基础上，又提出了基于EM算法的改进策略。改进策略的核心思想是基于EM算法来计算最大似然率，主要分为E和M两个步骤：E步骤是指根据训练数据推断出隐变量(即未观测变量)的值；M步骤是指通过寻找参数最大化期望似然，对参数进行极大似然估计。这两个步骤交替进行，直至收敛到局部最优解。

4.1.3　基于SVM的实体识别方法

在机器学习领域，支持向量机(Support Vector Machine，SVM)是一个有监督的学习模型，通常用来进行模式识别、分类以及回归分析。对于分类来说，SVM是一种二类分类模型，其目标是基于训练数据集在样本向量空间中找到具有最大间隔的划分超平面，将不同类别的样本分开。对于实体识别任务来说，两个实体在各个属性上的匹配程度以及它们在不同相似度函数作用下所计算出的相似性均可以用向量形式来表示。因此，一些文献提出了基于SVM的实体识别方法，通过计算这些向量与超平面间的距离来确定两个实体是否匹配。

1. 一个实例

实体识别的准确程度与属性相似度计算函数的选取是密切相关的，而针对实体的不同属性(各个属性千差万别)，很难找到某种“万能的”相似度计算方法。例如，假定两个实体在某属性的取值中均出现了“Street”子串，如果该属性表示地址，则“Street”子串对于实体识别的重要性似乎不大，甚至可以被忽略；然而，如果该属性表示人名(如“Nick Street”)或报刊名(如“Wall Street Journal”)，则“Street”子串将直接影响实体的匹配与否。如果采用人工方式为每种属性确定相似度计算标准，在属性数目及可选标准类型较多的情况下是不现实的。为此，实体识别系统需要针对不同的属性自适应地“学习”出一种或多种相似度计算函数。

除了要计算各个属性间的相似度，实体识别系统还要将这些相似度进行整合，从而计算记录之间的相似度。例如，图 4-2 表示 4 条记录 $R1 \sim R4$，每条记录由 5 个属性构成。将两条记录在各个属性上的相似度以权重向量的形式表示，就形成了 6 个权重向量 $\boldsymbol{WV}(R1, R2) \sim \boldsymbol{WV}(R3, R4)$。从这些向量可以看出：如果两条记录在所有的属性上是相同的或者是相似的，则它们代表同一实体的可能性较高。反之，它们将代表不同的实体。这些权重向量构成了某种向量空间，实体识别的任务就是要在向量空间中将它们分成两种类别——匹配与不匹配。

*R*1:	Christine	Smith	42	Main	Street
*R*2:	Christina	Smith	42	Main	St
*R*3:	Bob	O'Brian	11	Smith	Rd
*R*4:	Robert	Bryce	12	Smythe	Road

$\boldsymbol{WV}(R1,R2)$: [0.9, 1.0, 1.0, 1.0, 0.9]
$\boldsymbol{WV}(R1,R3)$: [0.0, 0.0, 0.0, 0.0, 0.0]
$\boldsymbol{WV}(R1,R4)$: [0.0, 0.0, 0.5, 0.0, 0.0]
$\boldsymbol{WV}(R2,R3)$: [0.0, 0.0, 0.0, 0.0, 0.0]
$\boldsymbol{WV}(R2,R4)$: [0.0, 0.0, 0.5, 0.0, 0.0]
$\boldsymbol{WV}(R3,R4)$: [0.7, 0.3, 0.5, 0.7, 0.9]

图 4-2　记录对的权重向量表示

因此，一些文献提出了基于 SVM 的实体识别方法，主要体现基于 SVM 来确定属性相似度计算函数和确定记录相似度计算函数两个方面。例如，文献[9]将构成某属性的各个子串表示为向量空间，基于 SVM 来确定该属性的相似度计算函数，并且采用 SVM 分类器训练模型，从而得到匹配结果。文献[10]将两条记录之间的相似性以权重向量表示，基于 SVM 来评估记录之间的相似性。

2. 基于 SVM 的实体识别算法

给定训练数据集 $D=\{(P^{(x_1,y_1)}, c_1), (P^{(x_2,y_2)}, c_2), \cdots, (P^{(x_n,y_n)}, c_n)\}$，其中$(x_i, y_i)$表示一对待比较的记录(或属性值)，$P^{(x_i,y_i)}$是记录对(或属性值对)的向量表示，$c_i$ 的值为$+1$ 或-1，分别表示“匹配”和“不匹配”。基于 SVM 的实体识别方法的基本思想是：基于训练数据集 D，在记录对(或属性值对)的向量空间中找到一个“容忍性”好的划分超平面，使得不同类别的样本能够被区分开。也就是说，要保证该划分超平面所产生的分类结果是最鲁棒的，以达到对未见示例的泛化能力最强。对于向量空间中的点，若它到划分超平面的距离较大，则它的类标记结果就越具有说服力。例如，如图 4-3 所示，假定记录对的向量空间为二维（P_1 和 P_2），存在多个划分超平面（A、B、C 等）能够将两类训练样本分开，但应该从中选择对训练样本局部扰动的“容忍性”最好的超平面作为最终的划分超平面（即超平面 B）。对于某未见示例，可以通过计算它与划分超平面的距离 d 来衡量它属于某种类别的程度。

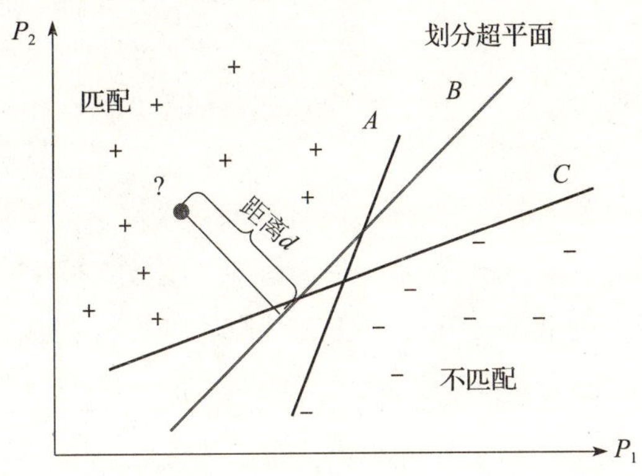

图 4-3　基于 SVM 的实体识别方法的基本思想

下面以文献[9]为例来介绍基于 SVM 的实体识别的解决策略。该文献提出了一种 SVM 分类器训练模型 MARLIN，该模型将实体识别过程分为训练和测试两个阶段。训练阶段又分为属性级别训练和实体级别训练，分别用来学习属性相似度计算函数和实体相似度计算函数，即在向量空间中分别确定属性级别和实体级别的划分超平面。测试阶段是将学习得到的属性相似度计算函数和实体相似度计算函数应用于未见示例（某实体对），计算该示例到划分超平面的距离，以此来衡量实体之间的匹配程度。

其中，对于属性级别的训练过程，MARLIN 模型将一组等价的属性对 $S=\{(x，y)，x\approx y\}$ 和一组非等价的属性对 $D=\{(x，y)，x!\approx y\}$ 作为输入，将任意一对属性值 x 与 y 之间的相似度计算函数 Sim(x，y)作为输出。此种方法的算法流程如下（如图 4-4 所示）。

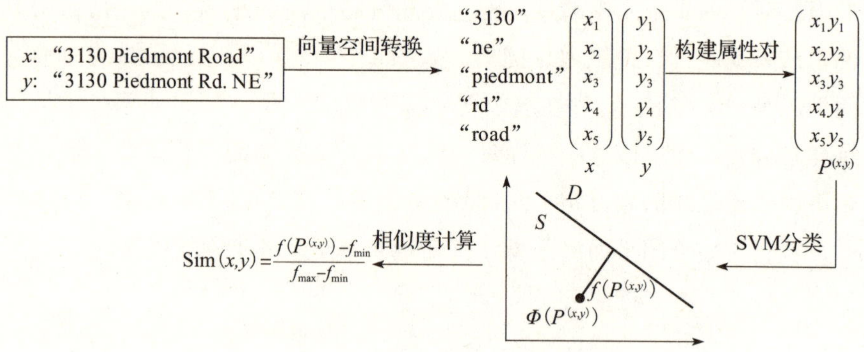

图 4-4 基于 SVM 的属性级别训练过程

1）将 S 与 D 中的所有属性取值以向量形式表示，向量中的每个部分代表一个 token。例如，假定属性 x 和 y 的值分别为“3130 Piedmont Road”和“3130 Piedmont Rd. NE”，将它们分别以向量形式表示为 $(x_1, x_2, x_3, x_4, x_5)$ 和 $(y_1, y_2, y_3, y_4, y_5)$。

2）将 S 与 D 中的每个属性对以向量 $P^{(x,y)}$ 表示（如公式（4.2）所示），分别得到正例匹配集 $S_p=\{P^{(x,y)}, (x, y)\in S\}$ 和反例匹配集 $D_p=\{P^{(x,y)}, (x, y)\in D\}$。其中，$P^{(x,y)}$ 中的每个向量成员表示属性值中某个 token 之间的匹配程度。针对上例，就是要构造向量 $P^{(x,y)}=(x_1y_1, x_2y_2, x_3y_3, x_4y_4, x_5y_5)$。

$$P^{(x,y)} = \left(\frac{x_i y_i}{\|x\| \ \|y\|}\right) \tag{4.2}$$

3）利用 S_p 和 D_p 来训练 SVM 分类器，确定类别划分的超平面，以此学习出分类函数 $f(P^{(x,y)})$，即向量空间中的点与该平面之间的距离。上例就是要将 $P^{(x,y)}=(x_1y_1, x_2y_2, x_3y_3, x_4y_4, x_5y_5)$ 映射为向量空间中的点 $\Phi(P^{(x,y)})$，并计算该点到超平面之间的距离 $f(P^{(x,y)})$，以此作为衡量 x 与 y 是否匹配的依据。

4）对计算出的距离进行归一化处理，输出属性值 x 与 y 之间的相似度计算函数 $\text{Sim}(x, y)$，如公式（4.3）所示。

$$\text{Sim}(x,y) = \frac{f(P^{(x,y)}) - f_{\min}}{f_{\max} - f_{\min}} \tag{4.3}$$

对于实体级别的训练过程，MARLIN 模型利用一组属性的相似度值生成特征向量，然后用 SVM 模型加以训练，如图 4-5 所示。该过程与属性级别的训练过程相类似，只是这里将实体对作为输入，将它们对应的类别标记（“Duplicate records”和“Non-duplicate records”）作为输出。算法流程如下：

1）基于属性级别相似度，将实体对以特征向量 $D=(d_1(.,.), d_2(.,.),\cdots, d_m(.,.))$表示。由于不同属性对于实体匹配的贡献程度不同，因此要对其赋予不同的权重。这里的 m 表示对于每个属性要考察 m 个权重。若构成实体的属性数目为 k，则该特征向量的维数为 $m\times k$。例如，图 4-5 中待匹配的两条记录分别由 4 个属性构成，针对每个属性要考察的权重为 2 个，则该实体对的特征向量为 8 维，每 1 维代表在某种权重下某属性之间的相似度。

2）确定正例集和反例集。将标记为“Duplicate records”的实体对作为正例，将训练集中的其他实体对作为反例。

3）利用正例集和反例集训练 SVM 分类器，确定对“Duplicate records”和“Non-duplicate records”进行划分的超平面，并通过计算向量空间中的点与该平面之间的距离来衡量实体对的匹配程度。

Name	Address	City	Cuisine
Fenix	8358 Sunset Blvd. West	Hollywood	American
Fenix at the Argyle	8358 Sunset Blvd.	W.Hollywood	French(new)

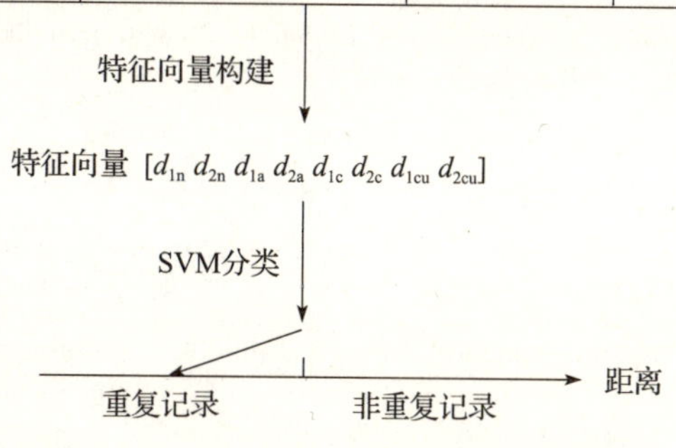

图 4-5 基于 SVM 的实体级别训练过程

4.1.4 基于主动学习的实体识别方法

主动学习(active learning)是一种机器学习方法，它让用户在学习过程中扮演主动角色。主动学习方法可能要求用户(例如领域专家)对一个可能来自未标记的实例集或由学习程序合成的实例进行标记。利用主动学习可以在标记代价较小的情况下获得较高的分类性能，实现实体记录对标识字段与匹配函数的自主学习。因此，一些文献提出了基于主动学习的实体识别方法。

1. 一个实例

对于基于机器学习的实体识别过程，如果学习算法脱离于人工干预，而完全基于自身对未标记数据加以利用，难免会产生一些问题，举例说明如下。

1）以引文领域的实体识别过程为例，针对作者名称、论文出处等属性的匹配函数难以确定。例如，在表 4-3 中，引文记录 *r*1 与 *r*2、*r*3 与 *r*4 分别代表同一实体，但由于作者名称存在不同的书写格式(*r*1 与 *r*2)、论文出处存在缩写及不规范等情况(*r*3 与 *r*4)，而导致它们被误识别为不同的实体。

表 4-3 引文记录范例

*r*1	L. Breiman, L. Friedman, and P. Stone, (1984). Classification and Regression. Wadsworth, Belmont, CA.
*r*2	Leo Breiman, Jerome H. Friedman, Richard A. Olshen, and Charles J. Stone. Classification and Regression Trees. Wadsworth and Brooks/Cole, 1984.
*r*3	R. Agrawal, R. Srikant. Fast algorithms for mining association rules in large databases. In VLDB-94, 1994.
*r*4	Rakesh Agrawal and Ramakrishnan Srikant. Fast Algorithms for Mining Association Rules In Proc. of the 20th Int'l Conference on Very Large Databases, Santiago, Chile, September 1994.
*r*5	H. Balakrishnan, S. Seshan, and R. H. Katz. , Improving Reliable Transport and Hando_ Performance in Cellular Wireless Networks, ACM Wireless Networks, 1(4), December 1995.

（续）

$r6$	H. Balakrishnan, S. Seshan, E. Amir, R. H. Katz, "Improving TCP/IP Performance over Wireless Networks," Proc. 1st ACM Conf. on Mobile Computing and Networking, November 1995.
$r7$	Johnson-Laird, Philip N. (1983). Mental models. Cambridge, Mass. : Harvard University Press.
$r8$	P. N. Johnson-Laird. Mental Models: Towards a Cognitive Science of Language, Inference, and Consciousness. Cambridge University Press, 1983.

2）引文记录难以准确地被结构化表示，一些方法仅简单地依赖于词汇的共现度来进行实体识别。例如，在表 4-3 中，引文记录 $r5$ 与 $r6$ 虽然存在很多公共词汇，但它们却不是同一实体；相反，词汇共现度较低的 $r7$ 与 $r8$ 实际上却代表相同的实体。另外，在很多应用领域中，对训练样本进行标记通常代价比较昂贵。例如，假定训练集中包含 n 条记录，则需要对 $n(n-1)/2$ 个记录对进行标记，而其中真正能匹配的数量极为有限。

针对上述问题，一些文献提出了基于主动学习的实体识别方法。例如，文献[11]提出了一种基于主动学习的交互式实体识别系统 ALIAS，利用专家标记来增强分类效果。文献[12-14]提出基于采样策略的主动学习方法，主动选择未标记样本中信息量较大的对象交给专家进行标记，然后将标记后的样本添加到训练集中，从而在标记代价较小的情况下获得较高的分类性能。文献[15]提出了一种基于主动学习的半监督式实体匹配方法，使用聚类队列建立多个匹配函数学习机，在候选训练样本中主动挑选最有利于匹配函数学习的实体记录对，实现实体记录对标识字段与匹配函数的自主学习。

2. 基于主动学习的实体识别算法

基于主动学习的实体识别的基本思想是：分别存在一个已经标好类标签的数据集 K 和还未被标记的数据集 U。对 U 进行标记并从中找出一个子集 C 发给专家，让专家对其作出判断。待专家将数据集 C 标记完成后加入到 K 集合中，进行下一次迭代，以此来增强分类效果。

下面以文献[11]为例介绍基于主动学习的实体识别算法。该文献提出了一种基于主动学习的交互式实体识别系统（ALIAS），分别实现了决策树、朴素贝叶斯以及 SVM 的分类方法来训练分类器，并对这些方法的性能进行了比较。由于 ALIAS 系统可以通过学习而自动构建匹配函数，因此较好地解决了前面所列举的问题。除此之外，ALIAS 系统采用主动学习的策略不断增强分类效果，以保证在初始样本集合存在数量不足时系统的可用性。

ALIAS 系统的基本框架如图 4-6 所示。系统的输入包括待识别的记录集 D、匹配对的初始训练集 L 以及相似度计算函数集合 F。ALIAS 系统的实体识别流程如下。

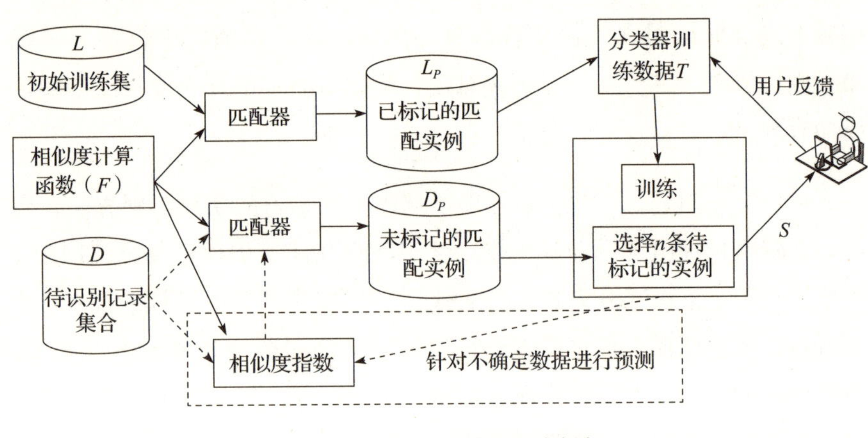

图 4-6　ALIAS 系统的基本框架

1）针对 L 中的每个匹配对，计算它们在每种相似度计算函数下的匹配程度。假定存在 n_f 种相似度计算函数，则对于每对记录就有 n_f 个相似度取值，将其作为它们的 n_f 个属性。将 L 中每个匹配对的类标签标记为“1”，其他标记为“0”。L 经匹配后记为 L_P。

2）利用相似度计算函数集合 F，采用同样的方式对 D 中未被标记的记录进行匹配。D 经匹配后记为 D_P。

3）采用主动学习的策略来增强分类效果。学习器从 D_P 中选取一个由 n 个实例构成的子集 S 发给专家，专家对其进行校正并标记。S 中被重新标记的实例将被添加到训练集 L_P 中，学习器基于调整后的训练集重新进行训练。该过程循环式进行，直到专家对学习器的分类效果满意为止。最终，系统将输出一个去重函数作为记录重复与否的分类标准。

4.1.5　其他方法

除了上述方法外，基于分类器的实体识别方法还包括：基于误差逆传播(error Back Propagation，BP)算法的实体识别方法和基于遗传编程(Genetic Programming，GP)算法的实体识别方法等。

误差逆传播神经网络(简称“BP 神经网络”)是一种按误差逆传播算法训练的多层前馈网络，是目前应用最广泛的神经网络模型之一。BP 神经网络能学习和存储大量的输入-输出模式映射关系，可使用梯度下降法并通过反向传播来不断调整网络的权值和阈值，使网络的误差平方和最小。利用 BP 神经网络可以从样本数据中学习属性权重等决策规则，以此作为实体识别的依据。例如，文献[16]提出了一种基于 BP 神经网络的二步检查实体识别算法，用于异构数据库的实体匹配。首先，将样本数据分为匹配与非匹配两类，分别用 Matchset 和 Unmatchset 表示。其次，根据训练集中匹配实体的特点构建神经网络。其中，输入层神经元的个数等于待匹配实体对的共同属性个数；输出层为三个神经元，当输出向量为(1，0，0)时代表匹配的实体对；隐含层神经元的个数为(输入层神经元个数+输出层神经元个数)/2。接下来，分别将 Matchset 和 Unmatchset 中的实体对在各个属性上的相似度作为神经网络的输入，输出目标模式分别为(1，0，0)和(0，0，1)，以达到训练神经网络的目的。最终，神经网络收敛到目标模式。这种基于 BP 神经网络的实体识别方法的优点在于不需要人工估算各属性的权重，而是通过神经网络来学习属性之间的内在关系，该方法具有较强的自适应能力。

遗传编程运用遗传算法的思想，通过生成计算机程序来解决问题。传统的遗传算法是用定长的线性字符串表示一个基因，而遗传编程采用树的形式来表达算术表达式、逻辑表达式、程序等，其树的深度和宽度是可变的。

遗传编程算法的计算流程如下：首先，由计算机模拟产生一个足够数量的种群，并由特定的比较函数给出每个个体的不同适应度，应用达尔文的自然选择进行淘汰。接着，通过两性组合、变异、基因复制、基因删除等代代进化，直到达到预先确定的某个中止条件或者达到指定的迭代次数为止。文献[17]、[18]提出了基于遗传编程算法的实体识别方法，其基本思想是针对某实体对，通过对它们在各个属性上的相似度进行+、-、*、/等数学操作，根据计算结果来判断它们是否对应同一实体，并将其作为匹配规则。通过对这些规则的筛选和交叉变异，使得样本的多样性得到增强，最终得到优良的个体。该方法的优点在于能够较快实现设计方案的最佳化，提高设计效率和质量，特别适合处理传统优化算法中解决不好的复杂和非线性问题。

4.2 基于概率图模型的实体识别方法

基于概率图模型的实体识别方法是将实体之间的内在联系表达为概率图模型，通过推理和学习来实现联合式实体识别。此方法的提出者认为，记录之间并非孤立，而是存在某种内在联系，利用这种内在联系可以避免对实体的孤立式匹配决策。例如，假定我们要识别的实体隶属于文章类型，如果采用 4.1 节中介绍的方法，实体识别仅依赖于文章类型的实体，而不考虑实体之间的关联关系（如文章和会议之间的关系）。而现实世界中，实体之间是有关联的，如分别发表在 KDD 和 SIGKDD 上的文章 A 和文章 B，通过对会议型实体进行识别可以得出 KDD 和 SIGKDD 对应于同一会议，因此在计算 A 和 B 的相似度时可以利用这一结论对该相似度进行增强。

通过构建概率图模型可以表达实体之间的内在联系，在概率图模型上进行推理和学习可以获得一系列匹配规则，能够较好地指导实体识别过程。因此，一些基于概率图模型的实体识别方法被提出，主要包括基于马尔可夫逻辑网络的实体识别和基于条件随机场的实体识别。

4.2.1　基于马尔可夫逻辑网络的实体识别方法

马尔可夫逻辑网络(Markov Logic Networks，MLNs)是一种简单的逻辑结构表达方式。它将一阶谓词逻辑和概率图模型相结合，利用已知变量来推测未知变量的分布。通过 MLNs 可以表达实体之间的内在联系，利用这种内在联系可以避免对实体的孤立式匹配决策，即在对某种类型的实体识别过程中，其他类型实体的识别结果可以为其提供有用的信息。为此，一些文献提出了基于 MLNs 的实体识别方法。

1. 一个实例

在实体识别过程中，如果仅仅利用实体属性的相似度来计算实体之间的相似度，而没有综合地考虑其他实体特征(如实体之间的内在联系)，则难以保证识别结果的准确性。例如，前文介绍的基于贝叶斯分类器的实体识别方法将待匹配的实体看作独立且均匀分布的，针对某对实体的匹配决策不会受其他实体匹配结果的影响。然而事实上，这些待匹配的记录之间并非孤立，而是存在某种内在联系。虽然这种内在联系增加了推理和学习的复杂程度，但是通过利用这些信息，可有效地改进传统的实体识别方法。

假定分别有 4 条论文记录和会议记录(如图 4-7 所示)，每条记录都以 PID 或 VID 进行唯一标识。我们的目标是分别对它们进行实体识别，正确的识别结果应该是{PID＝0，PID＝1}、{PID＝2，PID＝3}、{VID=10，VID=20，VID=30，VID=40}。考虑实体识别的具体过程，首先对 PID 为 0 和 1 的两条论文记录进行匹配，由于它们在大多数属性上(Author、Title、Year)都是相似的，因此认为它们是匹配的，即形成了一个聚类{PID=0，PID=1}。同时，由于同一篇论文的出处一定相同，因此 VID 为 10 和 20 的两条会议记录也是匹配的，即形成了聚类{VID=10，VID=20}。根据 Venue 属性的相似性，该聚类又被扩充为

{VID=10，VID=20，VID=30，VID=40}。接下来需要对PID为2和3的两条论文记录进行匹配。如果单纯依赖于这两条记录的属性特征，可能无法确定它们是否匹配，因为这两条记录在Title、Venue属性上的取值差别均较大。但如果能够结合之前的匹配结果，则可知它们的Venue属性值是等价的，进而判断它们是匹配的。由此可知，若两条记录对应同一篇论文，则它们的出处必然相同；类似地，出处相同也可以作为论文相同的有力证据。如果能够在实体识别过程中考虑实体之间的内在联系，则可以有效地提高识别的准确性。

PID	Author	Title	Venue	VID	Year
0	X. Li	Predicting the stock market	KDD	10	2010
1	X. Li	Predicting the stock market	Int'l Conference on Knowledge Discovery	20	2010
2	J. Smith	Semi-Definite Programming for Link Prediction	KDD	30	2011
3	Smith. J.	Semi-Definate Programming for Link Prediction	Conference on Knowledge Discovery	40	2011

图 4-7 考虑实体内在联系的实体识别示例

利用MLNs可以将实体之间的内在联系以一阶谓词逻辑和概率图模型表达出来，因此一些文献提出了基于MLNs的实体识别方法。例如，文献[19]基于马尔可夫逻辑网络理论提出了一套简洁而完备的实体识别模型。该文献将现有的实体识别方法与MLNs相结合，通过对MLNs进行学习和推理，提高实体识别的准确性。文献[20]在文献[19]的基础上引入一个可变权重的规则，试图解决原有系统无法处理的记录二义性问题。文献[21]根据MLNs设计域抽取和实体识别规则，并结合属性抽取算法来解决中文地理名称的识别问题。

2. 基于马尔可夫逻辑网络的实体识别算法

马尔可夫网络也称马尔可夫随机场(Markov Random Field，MRF)，它是一种无向图模型，由一个无向图G和一组势函数ψ_k(因子)构成。G中的每个结点表示一个或一组变量，结点之间的边表示两个变量之间的依赖关系。势函数ψ_k是针对无向图中的每一个团而定义的，是一种非负实函数，用来对团中的变量关系进行建模。在MRF中，多个变量之间的联合概率分布能基于团分解为多个因子的乘积(如公式(4.4)所示)。

其中，X 为一组变量集合$\{x_1, x_2, \cdots, x_n\}$，$C$ 为G 中所有的团构成的集合，X_Q 是与团$Q(Q \in C)$相对应的变量集合，ψ_Q 是团Q 所对应的势函数，Z 是规范化因子。

$$P(X) = \frac{1}{Z}\prod_{Q \in C}\psi_Q(X_Q) \tag{4.4}$$

在概率图模型中，通常将势函数表示为指数函数，指数项为对应团的加权特征量，以便于对 MRF 的推理和学习（如公式（4.5）所示）。其中，w_j 表示权重，$f_j(x)$表示特征函数。

$$P(X) = \frac{1}{Z}\exp\left\{\sum_j w_j f_j(x)\right\} \tag{4.5}$$

MLNs 是将 MRF 同一阶谓词逻辑相结合的一种逻辑结构表达方式。它是一组二元项(F_i, w_i)，其中 F_i 表示一阶逻辑规则，w_i 表示规则 F_i 所对应的权重。在公式（4.5）的基础上，可定义一个闭 MLNs 中所蕴含的可能世界的概率分布（如公式（4.6）所示）。其中，$n_j(x)$表示关于规则 F_i 的取值为真的对应闭规则的个数。MLNs 的基本思想是对一阶逻辑约束的放松，若某个可能世界违反了一个规则 F_i，则该世界发生的概率将被削减。因此，某个可能世界所违反的规则数目越少，则该世界发生的概率就越大。另外，MLNs 利用规则的权值 w_i 来表示规则限制强度的大小，w_i 越大，则满足该规则世界的发生概率与不满足该规则世界的发生概率之间的差异就越大。

$$P(X) = \frac{1}{Z}\exp\left\{\sum_j w_j n_j(x)\right\} \tag{4.6}$$

基于 MLNs 的实体识别方法的基本思想是：利用 MLNs 来表达证据谓词和查询谓词，并将实体匹配的规则在 MLNs 中以团的形式表示，通过对 MLNs 中的参数及网络结构进行学习来优化模型，并利用 MLNs 的推理机制对最大可能存在的状态进行推测。这里的查询谓词即为等价谓词 Equal(x, y)或 SameEntity(x, y)，x 与 y 为待匹配的两条记录；证据谓词是数据之间所体现的隐性和显性的关系，如 HasAuthor（paper，author)表示某篇论文是由某个人所写的，HasVenue(paper，venue)表示某篇论文在哪发表。基于MLNs的实体识别的目标是：给定数据集所体现的证据谓词，利用MLNs的推理机制来推测最可能的真值分布情况，即获取查询谓词的结果。

基于MLNs的实体识别方法一般分为构建和推理两个阶段。其中，构建阶段是指构建MLNs模型，并对模型中的参数及网络结构进行学习和优化。推理阶段是指根据证据谓词及MLNs中变量之间的依赖关系，对最可能的变量分布情况进行推测，使得被满足的规则的权重之和最大。

构建阶段的具体流程如下。

1) 将n元关系拆分为多个二元关系，并将其以证据谓词的形式表示。例如，文献[20]针对论文和作者类型的实体进行实体识别，将三元关系Paper(title，author，venue)拆分成三个二元关系，每个二元关系以证据谓词的形式表示，即HasTitle(paper，title)、HasAuthor(paper，author)和HasVenue(paper，venue)。

2) 构建与域相关的证据谓词。例如，谓词HasWord(field，word)表示如果某个域field包含了某个词word，则上述谓词的取值为真。

3) 构建其他证据谓词。例如，文献[21]针对中文地理名称进行解析，它将word(word，position，name)和SameAddress(name1，name2)分别作为证据谓词，前者表示当某个词word出现在地理名称name的position位置上时，该谓词为真；后者表示当地理名称name1和name2有相同的空间属性时为真。

4) 基于证据谓词和查询谓词构建规则。其中，证据谓词可经过前面的步骤构建，查询谓词用于判断两条记录是否匹配，即实体识别的结果可由证据谓词推导而出。例如，规则SimilarCWordField(CWORD，n，n')∧SameAddress(name1，name2)⇒SameEntity(n，n')表示当地理名称n和n'具有相似的特征域并且具有相同的空间属性时，它们通常是相同的实体。又如，规则$\forall x_1, x_2, y_1, y_2, y_3, y_4$，HasAuthor($x_1$，$y_1$)∩HasAuthor($x_1$，$y_3$)∩HasAuthor($x_2$，$y_2$)∩HasAuthor($x_2$，$y_4$)∩$x_1=x_2$∩$y_1=y_2$⇒

$y_3=y_4$ 表示同一篇论文的作者也对应相同。

5）基于证据谓词、查询谓词及规则构建 MLNs。其中，MLNs 中的结点为证据谓词或查询谓词，MLNs 中的每个极大团表示一条规则。

6）对 MLNs 中规则的权重和网络结构进行学习。对于规则权重，通常将其以对数似然函数的梯度形式表示，采用最大似然估计方法进行估计。对于 MLNs 的网络结构，通常采用常用对数似然估计或条件对数似然估计作为评价函数。

利用前文构建的 MLNs，接下来可以在其上进行一系列推理。通过 MLNs 推理可解决的基本问题包括边缘概率、条件概率的计算，以及最大可能存在状态的推测等等。MLNs 上的推理算法主要包括 MaxWalkSAT[22]、LazySAT[23] 和马尔可夫链蒙特卡罗[24] 等。实体识别问题被抽象为 MLNs 上的最大可能性推理问题的基本过程被表述为：给定证据变量集 X，求变量集 Y 最可能所处的状态(如公式(4.7)所示)。

$$\max_Y P(Y|X) = \max_Y \sum_j w_j n_j(x,y) \tag{4.7}$$

对于最大可能性推理问题的求解，即给定数据库中证据谓词，求最可能的真值分布可以通过 MaxWalkSAT 和 LazySAT 等算法来实现。其中，MaxWalkSAT 算法是一种带权的局部可满足性算法，主要包括如下两个执行步骤：

1）对 MLNs 上 X 中的所有变量 x 随机赋值。

2）在所有未满足的从句(即规则)中随机取得一个从句，改变从句中一个变量 x 的值。这里，将随机和贪心相结合的思想来选取 x，一种方法是随机选取 x，另一种方法是选取这样一个 x，当 x 的值改变时，所有已满足的从句的权重之和将达到最大。

4.2.2　基于条件随机场的实体识别方法

前文提及的马尔可夫随机场是一种生成式模型，主要用于对联合分布进行建模。与马尔可夫随机场不同，条件随机场(Conditional Random Field，CRF)是一种判别式无向图模型，其目标是对多个变量在给定观测值后的条件概率进行建模，即对条件分布进行建模。条件随机场结合了最大熵模型和隐马尔可夫模型的特点，既考虑了上下文标记间的转移概率，又能够避免标记偏置等问题，近年来在实体识别、分词、词性标注等任务中取得了很好的效果。

1. 一个实例

正如 4.2.1 节所述，待匹配的实体记录之间并不是独立存在的，针对某种实体类型的识别结果可能会对其他类型实体的识别过程产生影响，它们之间存在某种内在联系。如果能够在实体识别过程中有效地利用这些内在联系，实体识别的准确率将大大提高。如图 4-8 所示，假定有 4 条待匹配的记录。如果认为 *b*1 与 *b*2 是匹配的，则可推出 Proc. PKDD-04 和 Proc. 8th-PKDD 两个会议是匹配的。这必然会提升 *b*3 和 *b*4 之间的匹配程度。我们可以预先计算属性之间的相似度(如两条记录在 Title 或 Author属性上的相似度)，将其作为观测值(即证据)，再将实体匹配与否、属性匹配与否的结果作为变量。若能够对这些变量在给定观测值后的条件概率进行计算，实体识别问题就会迎刃而解。

RID	Author	Title	Venue
*b*1	Linda Stewart	Object Identification using CRFs	Proc. PKDD-04
*b*2	Linda Stewart	Object Identification using CRFs	Proc. 8th-PKDD
*b*3	Bill Johnson	Learning Boolean Formulas	Proc. PKDD-04
*b*4	William Johnson	Learning of Boolean Expressions	Proc. 8th-PKDD

图 4-8 基于条件随机场的实体识别示例

条件随机场是一种用于在给定输入结点值时计算指定输出结点值的条件概率的无向图模型。利用条件随机场模型可有效地对表示实体识别过程中不同实体间的相互影响，并对实体匹配与否进行评估。因此，一些文献提出了基于条件随机场的实体识别方法。例如，文献[25]提出了一种以属性为媒介的实体识别方法，将属性间相似度、属性是否匹配、实体是否匹配等信息建模为条件随机场，以实体对的公共属性为媒介来传播不同实体对之间的匹配信息，可同时对多个候选对进行匹配。文献[26]提出了一种联合式实体识别方法，采用条件随机场来表示不同类型实体的匹配结果之间的依赖关系，并提出关系分割算法来进行实体识别。

2. 基于条件随机场的实体识别算法

条件随机场是一种无向的图模型，图中的顶点代表随机变量，顶点间的连线代表随机变量间的相依关系。在条件随机场中，X 是一个可以被观察的“输入”随机变量集合，Y 是一个能够被模型预测的“输出”随机变量的集合，且这些输出随机变量之间通过指示依赖关系的无向边所连接。条件随机场的目标是构建条件概率模型 $P(X|Y)$。与马尔可夫随机场定义联合概率的方式类似，条件随机场使用势函数和图结构上的团来定义条件概率 $P(X|Y)$（如公式(4.8)和公式(4.9)所示）。其中，C 为 G 中所有的团构成的集合，X_Q、Y_Q 是与团 $Q(Q\in C)$ 相对应的变量集合，ψ_Q 是团 Q 所对应的势函数，Z_X 是规范化因子。同样，这里也通常将势函数表示为指数函数，指数项为对应团的加权特征量，$\Lambda=\{\lambda_k\}$ 表示要学习的权重，$f_k(Y_Q, X_Q)$ 表示特征函数。

$$P(X|Y)=\frac{1}{Z_X}\prod_{Q\in C}\psi_Q(Y_Q,X_Q) \tag{4.8}$$

$$\psi_Q(Y_Q,X_Q)=\exp\left\{\sum_k\lambda_k f_k(Y_Q,X_Q)\right\} \tag{4.9}$$

基于条件随机场的实体识别方法的基本思想是：利用条件随机场来表达属性间相似度、属性是否匹配、实体是否匹配等信息，通过最大似然估计来对条件随机场中的参数进行学习，并利用推理机制对最大可能存在的状态进行推测。

基于条件随机场的实体识别方法的具体流程如下。

1）构建条件随机场中的结点。在构建条件随机场中的结点时，有些文献（如文献[26]）考虑了实体自身信息、实体匹配信息和实体间关联信息，有些文献(如文献[25])还在此基础上考虑了属性信息。对于实体自身信息，假定要针对两种类型(a 和 b)的实体进行识别，$X^a=(X_1^a, \cdots, X_n^a)$和 $X^b=(X_1^b, \cdots, X_m^b)$分别表示这两种类型的实体集合。实体识别的目标是对这两个集合中的实体进行聚类，最终将相同的实体聚在一起。对于实体匹配信息，将识别结果以随机变量 $Y=(Y^a, Y^b)$来表示，其中 Y_{ij}^a用来表示 X_i^a 与 X_j^a 是否是匹配，Y_{ij}^b用来表示 X_i^b 与 X_j^b 是否匹配。对于实体间关联信息，通过定义随机变量 R 来表示 X_i^a 与 X_j^b 之间是否存在关联关系。例如，对于引文领域的实体识别，X^a 和 X^b 分别表示引文集合和出处集合，Y_{ij}^a 表示引文 X_i^a 与 X_j^a 是否匹配，R_{ij}^{ab} 表示 X_i^a 是否发表在 X_j^b 上。

2）构建条件随机场中的边。文献[26]提出了三种构建方法：前两种是基于条件分布 $P(Y^a, Y^b, R|X)$而构建的(如图 4-9a 和图 4-9b)，它们将 X 作为条件来计算 Y^a、Y^b 和 R 的分布。第三种要比前两种复杂一些，它是基于条件分布 $P(Y^a, Y^b|X, R)$而构建的(如图 4-9c 所示)，它将 X 和 R 作为条件来计算 Y^a 和 Y^b 的分布。

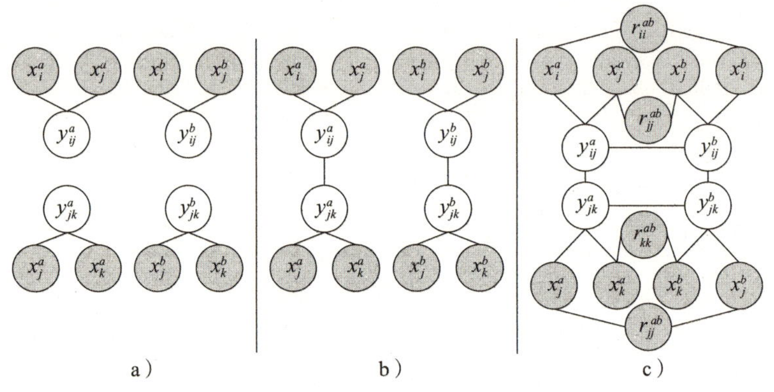

图 4-9　条件随机场的构建

3）对条件随机场中的权重 Λ 进行学习和推理。通常将其以对数似然函数的梯度形式表示，采用最大似然估计方法进行估计(如式(4.10)～式(4.12)所示)。

$$L_{\Lambda}(D)=\log\left(\prod_{\langle y_{ij}^{a},y_{ij}^{b}\rangle\in D}P_{\Lambda}(y_{ij}^{a},y_{ij}^{b}\mid x^{a},x^{b},r)\right) \tag{4.10}$$

$$\frac{\partial L}{\partial\lambda_{l}}=\sum_{\langle x,y,r\rangle\in D}\left(\sum_{i,j,l}\lambda_{l}f_{l}(x_{ij}^{ab},y_{ij}^{a},y_{ij}^{b},r_{ij}^{ab})-K\right) \tag{4.11}$$

$$K=\sum_{\langle y_{ij}^{\prime a},y_{ij}^{\prime b}\rangle}P_{\Lambda}(y_{ij}^{\prime a},y_{ij}^{\prime b}\mid x^{a},x^{b},r)\sum_{i,j,l}\lambda_{l}f_{l}(x_{ij}^{ab},y_{ij}^{\prime a},y_{ij}^{\prime b},r_{ij}^{ab}) \tag{4.12}$$

4）根据 Λ 及条件随机场的网络结构对结点进行聚类，最终每个聚类对应一组等价的实体。

4.3　本章小结

本章对基于机器学习的实体识别方法进行了介绍。按照识别过程中所采用的模型，可将其分为基于分类器的实体识别和基于概率图模型的实体识别。前者通过对分类器进行训练，最终将记录对归类为匹配或不匹配，所采用的分类器包括决策树、贝叶斯、SVM 等，并基于主动学习的策略来增强分类效果。后者通过建立概率图模型(包括马尔可夫逻辑网络和条件随机场)来表达实体之间的内在联系，并通过推理和学习来实现联合式实体识别。

参考文献

[1] S Tejada, C Knoblock, S Minton. Learning object identification rules for information integration[J]. Information Systems, 2001, 26(8): 607-633.

[2] S Tejada, C A Knoblock, S Minton. Learning domain-independent string transformation weights for high accuracy object identification[C]. In Proceedings of the 8th ACM SIGKDD International Conference on Knowledge Discovery and Data Mining, 2002: 350-359.

[3] M Elfeky, V Verykios, A Elmagarmid. Tailor: A record linkage toolbox[C].

In Proceedings of 18th International Conference on Data Engineering, 2002: 17-28.

[4] I P Fellegi, A B Sunter. A Theory for Record Linkage[J]. Journal of the American Statistical Association, 1969, 64(328): 1183-1210.

[5] Belin T R., Rubin D B. A Method for Calibrating False-Match Rates in Record Linkage[J]. Journal of the American Statistical Association, 1995, 90: 694-707.

[6] W E Winkler. Improved decision rules in the Fellegi-Sunter model of record linkage[R]. Technical report, Statistical Research Division, U. S. Bureau of the Census, Washington DC, 1993.

[7] W E Winkler. Methods for record linkage and bayesian networks[R]. Technical report, Series RRS2002/05, U. S. Bureau of the Census, 2002.

[8] W E Winkler. The state of record linkage and current research problems[R]. Technical report, Statistical Research Division, U. S. Census Bureau, 1999.

[9] M Bilenko, R Mooney. Adaptive duplicate detection using learnable string similarity measures[C]. In Proceedings of the 9th ACM SIGKDD International Conference on Knowledge Discovery and Data Mining, 2003: 39-48.

[10] Christen P. Automatic Record Linkage using Seeded NearestNeighbour and Support Vector Machine Classification[C]. Proceedings of the 14th ACM SIGKDD international conference on Knowledge discovery and data mining (KDD '08). New York, NY, USA: ACM, 2008:151-159.

[11] S Sarawagi, A Bhamidipaty. Interactive Deduplication Using Active Learning [C]. Proc. Eighth ACM SIGKDD Int'l Conf. Knowledge Discovery and Data Mining, 2002: 269-278.

[12] Bellare K, Iyengar S, Parameswaran A, et al. Active sampling for entity matching[C]. Proceedings of the 18th ACM SIGKDD international conference on Knowledge discovery and data mining, 2012: 1131-1139.

[13] A Arasu, M Götz, R. Kaushik. On active learning of record matching packages [C]. In Proceedings of the 16th ACM SIGMOD International Conference on Management of Data, 2010: 783-794.

[14] Fu Y, Zhu X, Li B. A survey on instance selection for activelearning[J]. Knowledge and information systems, 2013, 35(2): 249-283.

[15] 陈波，王延章．一种基于主动学习的相似记录匹配方法[J]．计算机工程，2009，35(3)：211-213.

[16] 陈凌，强保华，余建桥，等．一种基于BP神经网络的实体匹配方法[J]．计算机应用研究，2006，23(12)：38-39.

[17] M G D Carvalho，A H F Laender，et al. A Genetic Programming Approach to Record Deduplication[C]. TKDE，2012，24(3)：399-412.

[18] R Isele，C Bizer. Learning expressive linkage rules using genetic programming [C]. VLDBJ，2012，23(11)：1638-1649.

[19] Singla P，Domingos P. Entity Resolution with Markov Logic[C]. Proceedings of the Sixth International Conference on Data Mining (ICDM '06). Washington DC，USA：IEEE Computer Society，2006:572-582.

[20] 徐从富，郝春亮，苏保君，等．马尔可夫逻辑网络研究[J]．软件学报，2011，22(8)：1699-1713.

[21] 胡宜敏，宋良图，陈鹏，等．一种基于Markov逻辑网的中文地理名称实体解析方法[J]．模式识别与人工智能，2013，26(1)：114-122.

[22] Richardson M，Domingos P. Markov logic:a unifying framework for statistical relational learning[C]. In Proceedings of the ICML 2004 Workshop on Statistical Relational Learning and its Connections to Other Fields，2004：49-54.

[23] Singla P，Domingos P. Memory-Efficient inference in relational domains[C]. In Proc. of the 21st National Conf. on Artificial intelligence (AAAI 2006). Boston，2006：488-493.

[24] Peon H，Domingos P. Sound and efficient inference with probabilistic and deterministic dependencies[C]. In Proc. of the 21st National Conf. on Artificial intelligence (AAAI 2006). Boston，2006：458-463.

[25] Parag Singla，Pedro Domingos. Object identification with attribute-mediated dependences[C]. PKDD，2005：297-308.

[26] Culotta A，McCallum A. Joint deduplication of multiple record types in relational data[C]. CIKM，2005：257-258.

第5章 ‖

基于关系的实体识别方法

5.1 引言

不同的数据对象通过关联关系联系起来，称为关联数据。按照数据类型的多少，关联数据分为多类型关联数据和单类型关联数据。

多类型关联数据包括多种类型的数据对象，不同数据对象之间存在语义关系，不同类型的语义关系的意义不同。多类型关联数据构建出的图是异构图，其中异构边表示不同类型的语义关系。比如引文数据集中包括文章、作者、会议等，作者与文章之间的关系是“写作”与“被写作”，文章与会议之间的关系是“发表在”与“发表了”；电影数据集中包括电影、导演、演员、出品公司等，演员与电影之间的关系是“参演”与“被参演”，导演与电影之间的关系是“执导”与“被执导”。一方面，不同类型的数据对象间的语义关系可以用于衡量数据对象间的关联关系的强弱，从而用于衡量数据对象的相似度；另一方面，一些数据对象的识别结果会影响与之关联的其他数据对象的识别，如果两个文章对象已被识别为匹配的，那么它们对应的作者对象匹配的可能性变大。联合式实体识别就是相互关联的不同数据对象的识别结果的相互影响，通过相似度传递，同时对多种类型的数据对象进行实体识别，主要分类为基于关系聚类的联合式实体识别和复杂信息空间中的联合式实体识别[1-9]。

单类型的关联数据只包括一种相互关联的数据对象，数据对象间的关系类型通常也是单一的。单类型的关联数据构建出的图是同构图，其中同构边表示同一种关系，但有不同权重，即关系的强弱之分。比如，在线社交网络中不同的用户与用户之间的关系强度通常不同；学术合作网络中不同作者与作者之间的合作次数不同，进而合作的强度是不同的。通过挖掘数据对象间的拓扑关系，可以计算出数据对象间的关联强度，即相似度。实体消歧或名字消歧是实体识别中一个非常重要的子问题，即不同数据对象拥有相同的名称(主要是人名)。由于数据对象拥有完全相同的名称，单单通过属性信息无法解决消歧的问题。实体关系可以帮助解决消歧的问题。无论是异构关系还是同构关系，都可以用于计算数据对象间的关联强度，衡量数据对象的相似度，进而识别出哪些数据对象描述相同实体或不同实体。在基于实体关系的消歧研究中，典型工作有基于社交关系的名字消歧、基于实体关系的实体消歧和基于异构实体关系的实体消歧[10-20]。

5.2 联合式实体识别方法

联合式实体识别中，不同数据对象(单一类型或多类型)的识别结果存在相互影响。联合地识别多个数据对象可以提高实体识别的精确性。基于关系聚类的联合式实体识别方法是利用共现数据对象的类簇相似度进行迭代的关系聚类，来同时识别多个相互关联的数据对象(如合作者)。复杂信息空间中的联合式实体识别方法是针对复杂的信息空间中多类型的数据对象相互关联并且每个数据对象只具有较少的属性的特点，提出利用丰富的数据对象的关联关系来帮助实体识别，将一些数据对象的实体识别的结果传递到其关联的数据对象，而且通过实体识别过程中的信息增益来解决部分数据对象的属性信息不足的问题。

5.2.1 基于关系聚类的联合式实体识别方法

传统的实体识别主要基于记录的属性比较。然而在很多领域，比如社交网络或学术圈等，实体之间存在较强的关联关系，因此它们对应的数据对象经常会共同出现，即存在共现关系。本节将主要利用这种数据对象之间的共现关系来进行联合式实体识别，即联合地识别存在关联关系的不同数据对象。Bhattacharya 等[1-4]提出一个关系聚类算法，迭代地对数据对象进行聚类，聚类过程利用了共现数据对象的类簇相似度。

1. 一个实例

给定一个抓取自 Web 的引文数据集，现在要构建一个由文章、作者和参考引用组成的小型数据库。这种应用需求在著名的文献引用检索系统 CiteSeer 中是十分常见的。CiteSeer 是计算机科学研究者的一个重要资源库，为用户提供电子版的科研论文。然而，大部分 CiteSeer 用户会经常遇到同一篇文章的不同引文记录，其中不同引文记录的对应作者也没有被识别为相同的作者。与前面应用类似的一个应用是，将来自不同数据源的引文记录进行集成，得到统一的引文数据集，要求不重不漏。

在上述实例中，需要识别多种类型的数据对象。首先，文章的实体识别是一个最常见、最基本的引文实体识别任务。其次，相比于引文识别来说，作者的实体识别被研究得少一些，本节将重点关注该问题。下面给出一个具体的示例。

假设现在要识别如下两条引文记录：

① R. Agrawal，R. Srikant. Fast algorithms for mining association rules in large databases. In VLDB-94，1994.

② Rakesh Agrawal and Ramakrishnan Srikant. Fast Algorithms for Mining Association Rules. In Proc. of the 20th Int'l Conference on Very

Large Databases, Santiago, Chile, September 1994.

有时候，只要比较文章的标题就可以解决文章的实体识别问题，即利用现有的字符串比较方法就可以比较两个标题。然而，可能会存在标题相同但非同一作者的文章或标题书写错误的文章(如该例)，导致仅依据标题不能正确判断。此时，可以利用引文记录中存在的一些基于关系的信息，比如文章的作者、文章所发表的会议以及文章的参考文献等。这些额外的信息也可以帮助判断两条引文记录是否描述相同的文章。

作者的识别比文章的识别要更困难一些。给定两篇不同的文章，要求判断两者的作者中是否存在相同的作者。可以直接对比作者的字符串相似度，然而同一个人的作者记录可能会有多种形式。最常见的是第一名字和中间名字的书写形式的问题。比如一个作者“Jeffrey David Ullman”，那么它可能会被写作“J. D. Ullman”、“Jeff Ullman”、“Ullman, J. D.”等。还有一种情况，不同的作者可能有相近或相同的缩写形式。尽管“J. D. Ullman”和“Jeffrey D. Ullman”是比较容易被识别的，但是对于包括常见姓氏的姓名难以识别，比如“J. Smith”和“X. Wang”，可能是多个不同的全称的缩写。

如图5-1中，可以利用合作者的关系来识别作者数据对象。如果两个“J. Smith”所属的两篇文章的合作者是相同的，那么这两个“J. Smith”是同一作者的可能性就会变大。然而，为了达到这个目的，首先得确保其他作者的数据对象是匹配的，这就变成一个“鸡生蛋”和“蛋生鸡”的问题。如图5-1所示，有四个文章的数据对象，其中每个又包括了一个题目和多个作者数据对象。图5-2是将图5-1中所有作者对象都识别出来后的结果。起初，将包含Aho的数据对象判定为匹配的，因为Aho是一个非常少见的姓氏，那么数据对象r_1、r_4、r_6和r_8是重复的数据对象。然而，单靠名字信息，无法确定所有包含Ullman的数据对象(r_3、r_5、r_7和r_{10})是否描述相同的实体；同样也无法确定包含Johnson的数据对象(r_2和r_9)是否是重复的。从关联关系角度来看，包含Aho的数据对象的匹配增加了包含Ullman的数据对象匹配的可能性。可以比较肯

定地认定 r_5 和 r_7 是匹配的；r_3 和 r_{10} 也可能是与 r_5 和 r_7 匹配的，尽管不像前面那种情况那样肯定。当只识别完包含 Aho 的数据对象时，没有足够的信息来判定包含 Johnson 的数据对象是否匹配；当识别完包含 Ullman 的数据对象后，包含 Johnson 的数据对象（r_2 和 r_9）已有两个合作者是匹配的，因此，可以认定 r_2 和 r_9 是重复的。

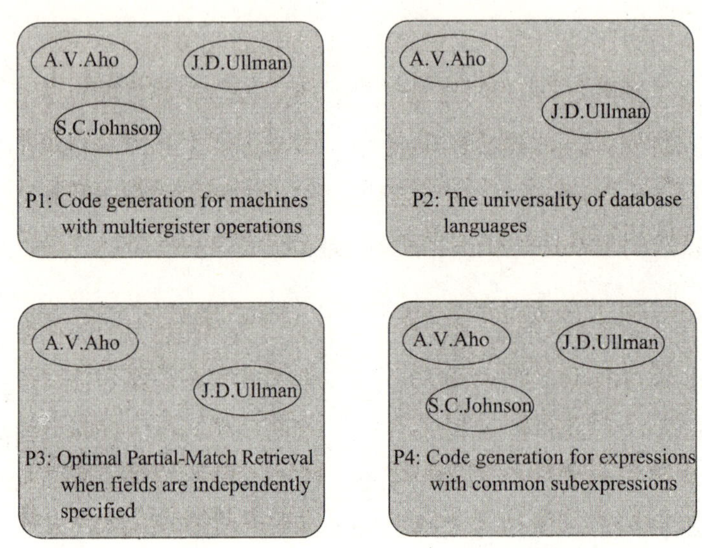

图 5-1 作者和文章的实体识别示例

注：每个圆角矩形代表一个文章数据对象，每个椭圆代表一个作者数据对象。

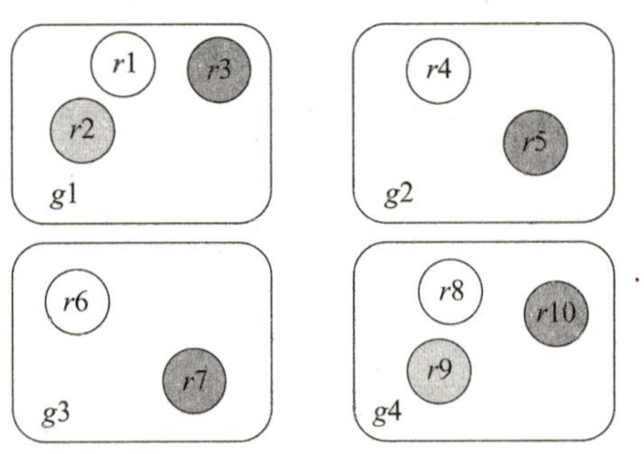

图 5-2 图 5-1 中作者的实体识别结果

注：图中颜色相同的的圆表示相同实体。

可见，作者的识别问题是一个迭代的过程。当识别出一些数据对象后，它们的识别结果有助于产生更多的识别结果。

对于给定一个数据对象集合 $R=\{r_1, r_2, \cdots, r_n\}$，其中每个数据对象对应一个唯一实体，$E(r)\in\{e_1, e_2, \cdots, e_k\}$。数据对象可能被划分为多个分组 $G=\{g_1, g_2, \cdots, g_m\}$，每个数据对象最多出现在一个分组中。本小节的实体识别任务就是给定 R 和 G，求得实体识别结果。

如图 5-2 所示，作者姓名和作者与文章的从属关系确定了一个数据对象，比如(J. D. Ullman，P1)对应 r_3。$E(r_3)=e_3$，e_3 即实体“Jeffrey David Ullman”。分组就是每篇文章的所有合作者的集合。假定每篇文章对应一个分组，即分组和文章对象之间存在一一映射关系。比如，图 5-2中 P1 的分组为 $g_1=\{r_1, r_2, r_3\}$，$r_1=$ A. V. Aho，$r_2=$ S. C. Johnson，$r_3=$J. D. Ullman。实体识别的目的就是得到数据对象和实体的映射，$e_1:\{r_1, r_4, r_6, r_8\}$，$e_2:\{r_3, r_5, r_7, r_{10}\}$和 $e_3:\{r_2, r_9\}$。

一个直观的实体识别方法是将相似的数据对象进行聚类。聚类算法的关键是数据对象间的相似度衡量。本节将定义一个包括对象的属性和关联关系的综合相似度。数据对象的属性相似度衡量两者属性的相似性，如名字的相似性、工作单位的相似性等。基于关联关系的相似度则是通过衡量数据对象所在的分组的相似性来实现的。比如，两个分组中的一些数据对象已被识别为是重复的，那么这两个分组就具有一定的基于关联关系的相似性。随着实体识别的进行，分组间的相似性可能发生变化。

2. 基于关系聚类的、迭代的联合式实体识别方法

给定两个数据对象 r_i 和 r_j，那么有

$$\text{dup}(r_i,r_j)=\text{true}, \quad d(r_i,r_j)<t \tag{5.1}$$

其中，$d()$是一个距离函数，用来判断数据对象的相似性，t 是一个给定的阈值。式(5.1)表示当两个数据对象的距离小于 t 时，这两个数据对象

是匹配的或是重复的。距离函数是基于对象属性的距离和基于分组的距离的加权求和。接下来首先定义距离函数，然后提出迭代的聚类算法来进行联合式实体识别。

（1）距离函数

两个数据对象的距离是

$$d(r_i,r_j)=(1-\alpha)\cdot d_{\text{attr}}(r_i,r_j)+\alpha\cdot d_{\text{group}}(G(r)_i,G(r_j)) \quad (5.2)$$

其中，$d_{\text{attr}}()$是基于属性的距离，$d_{\text{group}}()$是基于分组集合的距离，α是权重系数。基于属性的距离可以通过已有的相似度函数求得。

给定一个数据对象 r，分组的集合 $G(r)$包括所有 r 或者 r 的重复数据对象所在的分组，$G(r)=\{g|r\in g$ 或 $r'\in g$，$\text{dup}(r, r')\}$。将两个分组的相似度定义为两者所拥有的重复数据对象数目占较大分组的大小比例，即

$$\text{sim}(g_1,g_2)=|\text{common}(g_1,g_2)|/\max(|g_1|,|g_2|) \quad (5.3)$$

$$\text{common}(g_1,g_2)=\{(r_1,r_2)|\text{dup}(r_1,r_2),r_1\in g_1,r_2\in g_2\} \quad (5.4)$$

那么，基于关系的距离为

$$d(g_1,g_2)=1-\text{sim}(g_1,g_2) \quad (5.5)$$

给定一个分组 g 和一个分组集合 G，那么两者的距离为

$$d(g,G)=\min_{g'\in G}d(g,g') \quad (5.6)$$

给定两个分组集合 G_1 和 G_2，那么两者的精确距离为

$$d_{\text{group}}(G_1,G_2)=\Big(\sum_{g_1\in G_1}d(g_1,G_2)/|G_1|+\sum_{g_2\in G_2}d(g_2,G_1)/|G_2|\Big)/2 \quad (5.7)$$

根据式(5.1)～式(5.7)可知，重复的数据对象的定义中存在一个递归，因此它需要一个迭代的过程。随着新的重复数据对象的发现，这些

数据对象所在的分组的距离发生了改变，极有可能会生成新的重复数据对象。将当前识别出的重复数据对象表示成类簇，每一个类簇中的数据对象都描述相同的实体，但不同的类簇也可能描述相同的实体。将每个类簇与它的所有成员出现的分组关联起来，称为类簇的分组集合：

$$G(c_k)=\{g(r_i)\mid r_i\in c_k\} \tag{5.8a}$$

注意，每个类簇维护一个所有数据对象的代表属性值。当得到一个类簇这两个特征之后，就可以将数据对象的距离拓展到类簇的距离。每一次迭代中，聚类算法重新计算类簇之间的距离，然后将距离最近的类簇进行合并。迭代过程持续到不能够再进行类簇合并为止。

分析式(5.2)～式(5.7)可知，精确的分组距离的计算代价非常大，因为需要针对这两个类簇的分组集合进行两两比较。为了降低计算代价，提出一个近似的分组距离计算方法。给定一个数据对象的分组集合，该数据对象的分组概况是它的分组集合中所有唯一的数据对象组成的集合。结合类簇的定义，类簇的分组概况是类簇的分组集合中所有唯一的类簇组成的集合

$$g_{\text{sum}}(c_k)=\{c_i\mid c_i\in g_j,g_j\in G(c_k)\} \tag{5.8b}$$

需要指出的是，式(5.8b)中的类簇只需要提供类簇标签即可，并不需要提供整个类簇。类簇的分组概况是数据对象的类簇的集合，那么可以用分组概况距离替代分组距离。两个类簇的分组概况距离记作 d_{gsum}。如果分组概况中的数据对象按照它们的类簇标签进行排序，那么分组概况距离是实时可计算的，它将随着分组概况的长度而线性增长。最后，将类簇的分组概况距离定义为类簇的代表属性的属性距离 d_{attr} 和分组距离 d_{gsum} 的线性组合

$$d(c_i,c_j)=(1-\alpha)\times d_{\text{attr}}(c_i,c_j)+\alpha\times d_{\text{gsum}}(c_i,c_j) \tag{5.9}$$

（2）迭代的分组聚类算法

在聚类算法初始时，每个数据对象都是一个单例类簇，那么所有的

分组概况的距离是1(最大距离)。为了使聚类算法冷启动起来，初始时，需要利用纯属性距离将一些明显的重复数据对象匹配起来。一旦初始的非单例类簇形成后，本节提出的聚类算法就可以迭代地查找出距离最近的类簇对，并认为这些类簇对表示相同的实体，进而对它们进行合并。如式(5.1)所示，在此过程中，要用到一个距离阈值 t。每一步迭代中，聚类算法重新计算候选类簇的距离，并从中选出距离最小的类簇对进行合并，然后更新相应的属性均值、分组集合和分组概况。这样的迭代过程持续到所有的候选类簇的距离不再满足距离阈值约束。

基于关系的、联合的、迭代的聚类算法可以提高实体识别的精确性。然而它是个不断迭代的过程，因此它的计算代价要远大于传统的、基于属性距离的实体识别方法。

5.2.2 复杂信息空间中的联合式实体识别方法

传统的实体识别解决单类型的数据对象，并且假定这些数据对象具有丰富的属性，比如引文记录。复杂的数据空间[9]是指多类型的数据对象相互关联，并且每个数据对象只具有较少的属性。联合式实体识别的目的是，同时将多类型的数据对象都识别出来，即将描述相同实体的数据对象都找出来。一个基本的例子是个人信息空间，其目标是为用户提供个人电脑数据的全局信息浏览。

1. 一个实例

复杂信息空间中存在多类型数据对象，每类数据对象包含一些属性。这些属性分为两类：一是将简单数据类型的属性称为原子属性，比如字符串、数值等；二是将与其他类型数据对象的关联称为关联属性。

联合式实体识别示例如图 5-3 所示。图 5-3a 呈现了一个个人信息管理应用的关系模式的一部分。该关系模式包括四种类型：个人、文章、会议和期刊。每种类型都包含一些属性，其中关联的属性通过“*”标注。比如个人有两个原子属性 name 和 email，两个关联属性 emailContact 和 coAuthor，这两个属性的值都指向了其他的个人数据对象，分别表示两个个人之间有电子邮件来往和合作过文章。图 5-3b 呈现了一个包含多类型数据对象的数据集，其中，文章数据对象 a_1 和 a_2，个人数据对象 p_1 到 p_6，会议数据对象 c_1 和 c_2 抽取自两条 Bibtex 条目；其他三个个人数据对象 p_7 到 p_9 抽取自 email 数据，比如 p_7 名叫“Eugene Wong”，email 为“eugene@berkeley.edu”，有一个邮件联系人 p_8。图 5-3c 是图 5-3b正确的实体识别结果。

Person(name，email，* coAuthor，* emailContact)
Article(title，year，pages，* authoredBy，* publishedIn)
Conference(name，year，location)
Journal(name，year，volume，number)

a）关系模式

文章

a_1=({“Distributed query processing in a relational data base system”}，{“169-180”}，{p_1，p_2，p_3}，{c_1})

a_2=({“Distributed query processing in a relational data base system”}，{“169-180”}，{p_4，p_5，p_6}，{c_2})

个人

p_1=({“Robert S. Epstein”}，null，{p_2，p_3}，null)
p_2=({“Michael Stonebraker”}，null，{p_1，p_3}，null)
p_3=({“Eugene Wong”}，null，{p_1，p_2}，null)
p_4=({“Epstein，R. S.”}，null，{p_5，p_6}，null)
p_5=({“Stonebraker，M.”}，null，{p_4，p_6}，null)
p_6=({“Wong，E.”}，null，{p_4，p_5}，null)
p_7=({“Eugene Wong”}，{“eugene@berkeley.edu”}，null，{p_8})
p_8=(null，{“stonebraker@csail.mit.edu”}，null，{p_7})
p_9=({“mike”}，{“stonebraker@csail.mit.edu”}，null，null)

会议

c_1=({“ACM Conference on Management of Data”}，{“1978”}，{“Austin，Texas”})
c_2=({“ACM SIGMOD”}，{“1978”}，null)

b）多类型数据对象

{{a_1，a_2}，{p_1，p_4}，{p_2，p_5，p_8，p_9}，{p_3，p_6，p_7}，{c_1，c_2}}

c）正确的识别结果

图 5-3 联合式实体识别示例

从图 5-3 所示样例可知，该类实体识别问题具有如下典型特点。首先，一些数据对象的属性信息不全，即只包含少量的原子属性。比如，个人数据对象只包括一、两个属性，图 5-3b 中数据对象 p_5 到 p_8 没有相同的属性(实际两者描述相同的实体)。其次，有些属性是多值类型的，因此如果两个数据对象的某些属性值不相同，并不意味着两个数据对象是不匹配的。比如，描述相同的个人的两个数据对象的 email 可能是完全不同的。在实体随着时间发生演化的应用中，这种情况非常普遍。由于这两种情况的存在，传统的实体识别方法在处理这样的数据时，实体识别的精确性比较差。为此，提出面向复杂信息空间的联合式实体识别方法。

2. 面向复杂信息空间的联合式实体识别方法

(1) 方法概述

Dong 等提出一个面向复杂信息空间的联合式实体识别算法(Joint Entity Resolution in Complex Information Space，JER-CIS)[9]，其基本思想是利用丰富的数据对象的关联关系来帮助实体识别，并迭代地处理整个过程。首先，利用数据对象的各种各样的上下文信息进行数据对象匹配；之后，将一些数据对象的实体识别的结果传递到其关联的数据对象，实现匹配传播。当两个数据对象匹配后，将它们的属性值分别组成属性值集合，产生数据对象信息增益，以此来解决部分数据对象的属性信息不足的问题，进而提升后续数据对象的匹配准确性。举例说明如下。

数据对象匹配：利用数据对象的各种各样的上下文信息来帮助实体识别，传统的实体识别并没有考虑这些方面。比如，考虑个人数据对象的合作者列表和 email 联系人列表。图 5-3 中，p_5 与 p_6 合作了文章，p_8 与 p_7 有 email 联系。如果已经识别出 p_6 与 p_7 是匹配的，那么为 p_5 与 p_8 的匹配提供了新的证据。另外，还将比较不同属性的值。比如，姓名“tonebraker，M.”和 email 地址“stonebraker@csail. mit. edu”是密切相关的：“stonebraker”是“Stonebraker，M.”的姓。这些信息有助于匹配 p_5 与 p_8。当匹配了两个数据对象后，后续还有两个步骤可以利用匹配的信息：匹配传播和数据对象信息增益。

匹配传播：当两个数据对象匹配之后，接下来优先考虑与这两个数据对象关联的数据对象。比如，文章数据对象 a_1 和 a_2 的标题相同，拥有相同的作者，发表在相似的会议上，并且页码相同，那么可以认为两者是匹配的。一般来说，一篇文章的作者集合是唯一的，当 a_1 和 a_2 匹配后，p_1 与 p_4、p_2 与 p_5、p_3 与 p_6 是分别匹配的。同理，还可以匹配数据对象 c_1 和 c_2。

数据对象信息增益：当两个数据对象匹配后，将它们的属性值分别组成属性值集合，这样就会产生信息增益。比如，考虑个人数据对象 p_5 与 p_8。尽管“Stonebraker，M.”和“stonebraker@csail. mit. -edu”非常相似，这些信息还不足以匹配 p_5 与 p_8。同理，p_5 与 p_9 也缺乏足够的信息来匹配。然而，当 p_8 与 p_9 匹配后，将它们的信息进行聚集后可知，“mike”和“Stonebraker，M.”的名字的首字母是相同的，并且有相同的 email 联系人或合作者。这些额外的信息可以帮助识别出 p_5、p_8 和 p_9。

总之，JER-CIS 方法通过挖掘上下文信息、匹配传播和数据对象信息增益得到更精确的实体识别结果。另外，还可以判定出两个数据对象绝对不匹配的情况，并定义一个依赖图来描述数据对象相似度和属性相似度的依赖关系。

（2）联合式实体识别算法

JER-CIS 方法的流程如下：①构建依赖图来体现不同匹配对象之间的相互关系；②迭代地计算依赖图中结点（一个结点对应一对数据对象）的分值，直到收敛状态；③通过传递闭包计算最终的识别结果。

接下来依次介绍依赖图构建、依赖图挖掘、数据对象信息增益和数据对象相似度计算。

1）依赖图构建。

① 依赖图定义。

为了进行实体识别，需要计算同类型的数据对象的两两相似度；数据对象的相似度基于原子的属性相似度和关联的属性相似度。该方法基于依赖图计算数据对象的相似度。

给定一个数据对象集合 R，R 的依赖图是一个无向图 $G=(N, E)$，满足下述条件：

a. 对于同类型的任意两个数据对象 r_1，$r_2 \in R$，图 G 中存在一个结点 $m=(r_1, r_2)$。

b. 对于 r_1 和 r_2 的每一对属性 a_1、a_2，图 G 中存在一个属性结点 $n=(a_1, a_2)$，并且 m 和 n 之间存在一条边。

c. 每个结点有一个数据值型的相似度(介于 0 和 1 之间)，记作 $\mathrm{sim}(r_1, r_2)$ 或 $\mathrm{sim}(m)$。

基于依赖图中的一个结点表示一对数据对象的相似度，一条边表示一对相似度的依赖性，即一对数据对象相似度依赖于它们各自属性的相似度，反之亦然。当一个结点的相似度发生改变时，就需要重新计算它们邻居的相似度。

接下来，将数据对象及其属性都称为元素。对于每一对元素，依赖图中都存在唯一的结点与之对应。这种唯一性对于挖掘匹配决定之间的依赖关系非常重要。

② 依赖图优化策略。

在实践中，如果为任意两个元素都构建一个相似度结点，既开销巨大，又没有必要。因此，只为可能匹配的数据对象对构造结点，或为可比较且较相似的属性值构造结点(即相同的属性，或根据领域知识判断为可比较的属性，如姓名和 email)。依赖图的优化基于领域知识，由领域专家完成或通过训练数据学习。具体优化策略如下。

优化策略 1：生成原依赖图的一个子图。子图中，从结点 n 到 m 之间存在一条边，仅当 m 的相似度真正依赖于 n 的相似度。将 n 称为 m 的入邻居，m 是 n 的出邻居，这样子图就是有向的。

优化策略2：划分不同类型的依赖关系。首先，将依赖分为布尔型依赖和数值型依赖。如果结点 n 的相似度只依赖于结点 m 中的数据对象是否匹配，那么称 m 是 n 的布尔型邻居。同理，结点 n 的相似度依赖于结点 m 的实际的相似度，那么称 m 是 n 的数值型邻居。比如，图5-3中两个会议数据对象 c_1、c_2 依赖于它们名字的相似度。同时，它们的相似度依赖于文章 a_1、a_2 是否匹配，而不是它们实际的相似度。

将布尔型邻居再细分为两类：如果 m 中的两个数据对象匹配会导致 n 中的两个数据对象也匹配，那么将 m 称为 n 的强布尔型邻居；如果 m 中的两个数据对象匹配只是会增加 n 中的两个数据对象匹配的可能性，那么将 m 称为 n 的弱布尔型邻居。

③ 依赖图构建。

通过两个步骤来构造依赖图：第一步考虑原子属性，第二步考虑关联属性。

步骤1：对于任何两个同类型的数据对象，构造一个结点$m(r_1,r_2)$，其相似度为0。

a. 对于 r_1 和 r_2 的任何一对原子属性值 a_1 和 a_2，如果它们是可比较的，进行如下操作：

- 如果 $n=(a_1,a_2)!\in G$，计算 a_1 和 a_2 的相似度。如果该相似度足够大，将 n 及其相似度加入到图 G 中。
- 当相互依赖关系存在时，添加从 n 到 m 的边和从 m 到 n 的边。

b. 如果 m 没有任何邻居，删除 m 及其关联的边。

步骤2：两个数据对象 r_1、r_2，$m=(r_1,r_2)\in G$。对于这两个数据对象的每一对关联属性，r_1 的 a_1 和 r_2 的 a_2，如果存在结点 $n=(a_1,a_2)$且 m 和 n 之间存在依赖关系，进行如下操作：

a. 如果 $a_1=a_2$，那么如果结点 $n=(a_1,a_2)$不存在，增加该结点并增加从 n 到 m 的边。

b. 如果 $a_1 \neq a_2$，并且结点 $n=(a_1, a_2)$存在，当相互依赖存在时，增加从 n 到 m 的边和从 m 到 n 的边。

图 5-3b 对应的依赖图如图 5-4 所示。

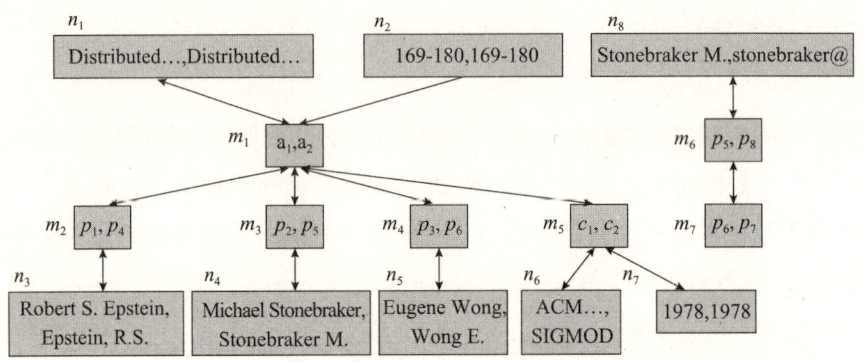

图 5-4　图 5-3b 对应的依赖图

2）依赖图挖掘。

JER-CIS 方法是基于依赖图中的结点间的相似度传递。比如，当文章 a_1、a_2 匹配后，接下来应该匹配与它们关联的会议 c_1、c_2；然后，重新计算包含了会议 c_1、c_2 的其他文章的相似度。依赖图包含了所有相似度的依赖关系，它可以引导重新计算的过程。

依赖图中的结点状态包括匹配的、活跃的和不活跃的。当一个结点的相似度超过给定的匹配阈值，那么它的状态将是匹配的，表示两个数据对象已被识别为匹配的。如果两个数据对象的相似度需要重新计算，那么它的状态是活跃的。其他结点的状态是不活跃的。JER-CIS 方法按下面步骤执行，直到不存在活跃的结点。

步骤 1：初始时，将所有代表数据对象相似度的结点标记为活跃的状态。将原子属性的相似度的结点根据其关联的相似度将它们标记为匹配的或不活跃的。

步骤 2：每次选择一个活跃的结点，重新计算它的相似度。如果新的相似度大于阈值，将它标记为匹配的；否则，将它标记为不活跃的。

另外，将它所有相似度小于 1 的邻居标记为活跃的。

上述过程在满足下面条件时将一定会终止：条件一，所有结点的相似度函数随着它的入邻居的相似度单调变化；条件二，只有当给定结点的相似度增加量达到一定程度，才会激活它的邻居。

将依赖图的边进行分类后，JER-CIS 方法在步骤 2 中就不必将一个结点的所有邻居结点都激活，从而大大降低了重新计算相似度的代价。具体来讲，当一个结点 n 的相似度增加后，进行如下操作：

① 将它的数值型出邻居结点中相似度低于 1 的都激活。

② 如果结点 n 中的数据对象被识别为匹配的，将它的布尔型出邻居结点中相似度低于 1 的都激活。

此外，一个好的重新计算顺序可以进一步降低重新计算的次数，提高算法的效率。JER-CIS 方法采用了如下的启发式思想：

① 只有当一个结点的所有数值型入邻居结点(不包括相互依赖的结点)计算出来后，才计算该结点的相似度。比如，在比较两个文章对象前，必须先比较与它们关联的作者和会议。

② 当一个结点被判定为匹配的，后续首先计算它的强布尔型出邻居结点。

为此，维护了一个活跃结点组成的队列。初始时，队列包括了所有数据对象相似度结点，一个结点一定排在它的数值型出邻居结点的前面，除非它们是相互影响的关系。每一次迭代中，选择队首的结点进行相似度计算。当激活一个结点的数值型或弱布尔型出邻居结点时，将它们插入到队尾；当激活一个结点的强布尔型出邻居结点时，将它们插入到队首。

观察图 5-4，初始时，队列包括结点$\{m_5, m_4, m_3, m_2, m_1\}$，结点 n_1、n_2、n_7 被标记为匹配的。接下来依次计算结点 m_5、m_4、m_3、m_2、m_1 的相似度。当文章对象 a_1、a_2 被判定为匹配时，将结点 m_2、m_3、

m_4、m_5 重新插入到队首，此时队列变为{m_5，m_4，m_3，m_2}(其中结点的顺序可以是任意的)。n_2 没被插入到队尾，因为它不是 m_1 的出邻居，并且它的相似度已经达到1。下一步，当 m_5 中的会议 c_1、c_2 匹配后，将它的强布尔型出邻居结点 n_6 插入到队首，此时队列变为{n_6，m_4，m_3，m_2}。上述过程持续进行，直到队列为空。

3）数据对象信息增益。

JER-CIS 方法另一个特点是，在实体识别过程中增加数据对象的信息量。当数据对象 r_1、r_2 匹配后，r_2 所有的属性也可以看作 r_1 的属性。比如，如果 r_1 有 email 地址 "stonebraker@csail. mit. edu"，r_2 有 email 地址 "stonebraker@mit. edu"，那么真实世界的对应实体必定同时拥有这两个 email 地址。接下来，当计算 r_1 和另外一个数据对象 r_3 的相似度时，将这两个 email 地址同时与 r_3 的 email 地址比较，并从中选择一个较高的相似度。

一个朴素的数据对象信息增益的方法是运行传播算法，然后计算传递闭包，合并同一个类簇内的所有数据对象，不断重复上述过程。然而，可以通过只在小范围内修改依赖图来实现信息增益。当匹配完 r_1、r_2 后，找出满足条件的 r_3，即存在这样的结点 $m=(r_1, r_3)$ 和 $n=(r_2, r_3)$。接下来从依赖图中移除结点 n：首先将 n 的邻居结点与 m 相连，并保留所有的边的方向；然后从依赖图中移除结点 n 及所有与它关联的边，并从队列中移除结点 n；最后如果 m 获得了新的入邻居结点，并且 m 在队列中的状态为不活跃的，将 m 插入到队尾，同理，如果 n 的邻居结点获得了新的入邻居结点并且是不活跃的，将它插入到队尾。图 5-5 呈现了图 5-4 中相似度重新计算的过程。

4）数据对象相似度计算。

JER-CIS 方法中的数据对象相似度计算函数是特别定义的。给定一个结点 $m=(r_1, r_2)$，m 的相似度函数把它的所有邻居结点当作输入，最后计算出一个介于 0 和 1 之间的相似度。本节介绍的相似度函数包括

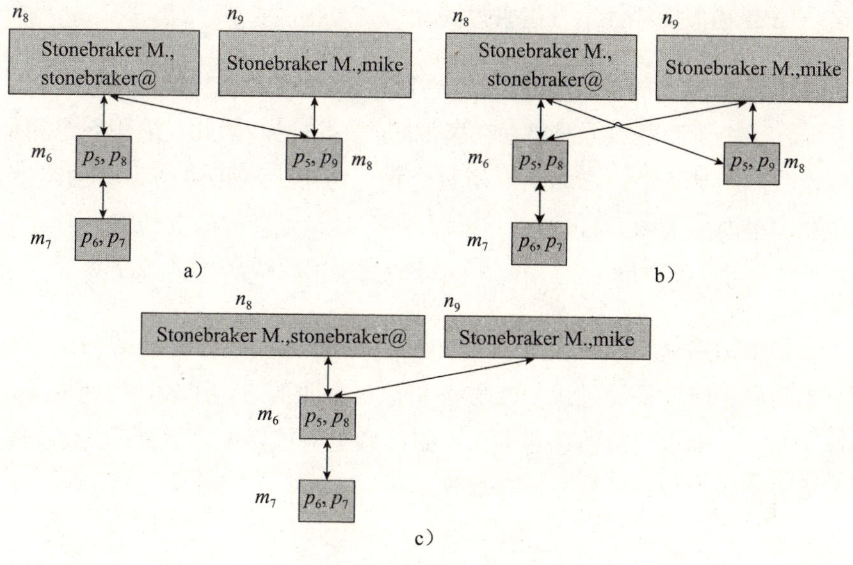

图 5-5　数据对象信息增益示例

了一些可以调节的参数，这些参数可以通过训练得到，也可以通过实验测定。由于本节提出的算法可以在不同的结点之间传播信息，传播过程中也可能将错误的匹配信息传播，从而导致了更多错误的匹配结果。为此，将选择保守的相似度函数和匹配阈值，从而保证了较高的匹配准确率；同时通过利用丰富的匹配证据来提高识别结果的召回率。

一对元素的相似度 S 由三部分组成：S_{rv} 来自于数值型入邻居，S_{sb} 来自于强布尔型入邻居，S_{wb} 来自于弱布尔型入邻居。当三者的和超过 1 时，将其重置为 1。S 必定介于 0 和 1 之间。接下来依次介绍这三种相似度。

给定数值型入邻居的相似度，通过一个线性组合来计算 S_{rv} 的公式

$$S_{rv} = \sum_{i=1}^{n} \lambda_i \times x_i \tag{5.10}$$

其中，n 是不同类型的数值型入邻居结点的数目（如 email 相似度、姓名相似度等），x_i 是类型为 T_i 的元素的相似度，λ_i 是相应的权重。比如，一个人的数据对象的结点相似度将姓名的相似度、email 的相似度和姓

名- email 相似度线性组合起来得到。

S_{rv}的计算方法与传统的实体识别相似度计算大体相同，但存在一些差异：①由于一些数据对象存在属性缺失的情况，因此，采用一组相似度函数而不是一个；②相似度函数会重点考虑一些可以作为键的属性，比如如果两个人的 email 地址相同，那么，即便它们的其他属性存在差异，它们也是匹配的；③相似度函数考虑了不匹配的邻居结点。

如果结点 m 的强布尔型邻居中存在匹配的，除非 m 中的两个数据对象的原子属性差异过大，否则 m 应该也是匹配的。比如，当匹配了两篇文章后，那么对应的、名字相近的作者也应该匹配。然而，为了防止被噪音信息误导，将保守地计算 S_{sb}。

$$S_{sb}=\begin{cases}\beta\times|N_{sb}| & S_{rv}\geqslant t_{rv}\\ 0 & \text{其他}\end{cases} \tag{5.11}$$

其中，β 是一个常量，$|N_{sb}|$ 为匹配的强布尔型入邻居结点的数目，t_{rv}是判断两个数据对象是否可能匹配的下限阈值。当两个数据对象的 S_{rv} 比较低时(但大于 t_{rv})，只有它们的多个强布尔型邻居结点匹配后，才会认为这两个数据对象是匹配的。

S_{wb}与 S_{sb}相近，具体定义如下

$$S_{wb}=\begin{cases}\gamma\times|N_{wb}| & S_{rv}\geqslant t_{rv}\\ 0 & \text{其他}\end{cases} \tag{5.12}$$

其中，γ 是一个常量，$|N_{wb}|$ 为匹配的弱布尔型入邻居结点的数目，γ 要远小于 β。比如，共同的 email 联系人属于弱布尔型，它可以增加匹配的可能性，但远不如强布尔型入邻居那么大。

5.3 基于实体关系的消歧方法

实体消歧或名字消歧是实体识别中一个非常重要的细分问题。由于

不同数据对象拥有完全相同的名称(主要是人名)[10-20]，单单通过属性信息无法解决消歧的问题。实体关系可以帮助解决消歧的问题。在 5.3.1 节基于社交关系的名字消歧中，介绍两种方法：①基于精确的名字相似度，每个数据源被当作一个局部网络，然后对数据源进行层次聚类，达到名字消歧的目的；②在一个全局的社交网络中通过随机游走来估计数据对象间的相似度，进而通过网络切割来进行名字消歧。在 5.3.2 节基于实体关系的实体消歧中，提出上下文吸引准则来计算数据对象的关联强度，从而进行实体消歧。具体来讲，先利用上下文吸引准则来构建实体关系方程组；然后，利用非线性规划来求边的权重，即实体关联强度。在 5.3.3 节基于异构实体关系的实体消歧中，将互补的近邻元组的集合相似度和基于随机游走的相似度组合起来用于衡量数据对象间的相似度；接着，采用一个合成的层次聚类算法来进行实体消歧；最终，描述相同实体的数据对象归入相同的类簇，描述不同实体的数据对象归入不同的类簇。

5.3.1　基于社交关系的名字消歧方法

名字消歧是实体识别的一种特殊情况。日常生活中，常常存在多个人有相同名字的情况，比如“George Bush”。当一个读者在文献中遇到“George Bush”时，他可能会疑惑这个名字是代表“George H. W. Bush”——第 41 届美国总统，还是“George W. Bush”——第 43 届美国总统，或者是其他人。名字消歧就是确定出某个名字指代的是哪个人。传统的名字消歧方法基于语料分析和个人信息，然而，在很多应用中，这些信息并不可用。

Malin 提出基于社交关系的名字消歧方法 Malin-ND[10,11]。该方法可以计算出：①一个名字总共指代多少不同的实体(即人)；②哪些数据对象指代相同的实体。一个实体名字通常会出现在不同的数据源，每次都会与其他的实体名字共同出现，这样就可以构建出实体名字关系网络。

实体是名字消歧的一个基本概念。本节设定中，实体集是未知的，记作 $E=\{e_1, e_2, \cdots, e_k\}$。描述不同实体的数据对象（即名字）可能会出现在不同数据源中，记作 $S=\{s_1, s_2, \cdots, s_m\}$，其中每个数据源中包括了一组数据对象 N_i。比如，可以将一个网页看作一个数据源。S 中所有唯一名字组成的集合记作 $N=\{n_1, n_2, \cdots, n_l\}=N_1 \cup N_2 \cup \cdots \cup N_m$。一个数据对象可能对应多个实体，因此称之为歧义的。如果一个数据对象可能指代 k 个不同实体，称之为 k-歧义。如图 5-6 所示，数据对象 "Alice" 可以指代 Source_1 中的 entity_1 和 Source_3 中的 entity_3。

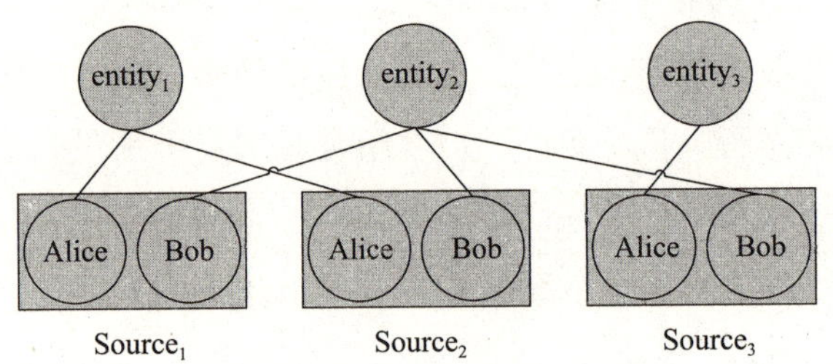

Bob 是 1-歧义，Alice 是 2-歧义

图 5-6 k-歧义示例

Malin-ND 包括两个方法：①Malin-ND-1 方法基于精确的名字相似度，每个数据源被当作一个局部网络，然后对数据源进行层次聚类；②Malin-ND-2 方法在一个全局的社交网络中通过随机游走来估计数据对象间的相似度。

（1）基于层次聚类的名字消歧方法

Malin-ND-1 方法通过层次聚类来名字消歧。将每个数据源表示成一个布尔型向量 $s_i=[n_{i1}, n_{i2}, \cdots, n_{il}]$，其中如果名字 n_j 出现在数据源 s_i 中，那么 $n_{ij}=1$；否则 $n_{ij}=0$。层次聚类过程中，采用均值关联策略。每个待聚类的数据源都被初始化为一个单例类簇。两个类簇 c_i、c_j 的相似度记作 $\text{csim}(c_i, c_j)$

$$\text{csim}(c_i, c_j) = (|c_i| \cdot |c_j|)^{-1} \cdot \sum_{s \in c_i, t \in c_j} \text{ssim}(s, t) \qquad (5.13)$$

其中，两个数据源 s_i、s_j 的相似度记作 ssim(s_i，s_j)，可以通过合适的相似度函数计算。Malin 采用了两个向量的 Cosine 相似度

$$\mathrm{ssim}(s_i, s_j) = \frac{\sqrt{\sum_{x=1}^{n} n_{ix} n_{jx}}}{\sqrt{\sum_{x=1}^{n} n_{ix}} \sqrt{\sum_{x=1}^{n} n_{jx}}} \tag{5.14}$$

最相似的类簇将合并成新的类簇。合并过程迭代进行，直到不满足阈值约束或所有数据源已合并成一个类簇。

（2）基于随机游走和网络切割名字消歧方法

Malin-ND-2 方法通过随机游走进行名字消歧。基于随机游走的方法与基于层次聚类的方法的一个不同之处是，它还利用了没有歧义数据对象的数据源。这个特点有助于挖掘弱关联，从而帮助发现图中的社区结构。

给定一组数据源 S，通过下面的步骤构建社交网络。S 中唯一的数据对象对应社交网络中的一个结点。如果两个名字至少共同出现在一个数据源，则对应的结点之间存在一条边。边的权重与数据源中的数据对象数目成反比

$$w_{ij} = \frac{\sum_{s \in S} \theta_{ijk}}{|s|} \tag{5.15}$$

其中，如果结点 i 和 j 共同出现在数据源 s 中，则 $\theta_{ijk}=1$，否则 $\theta_{ijk}=0$。如果一个数据源中的数据对象越少，那么该数据源中数据对象的关联关系越强。比如，第一个网页中列出了一个学校中所有的学生、老师和教工，而第二个网页列出了某个机器学习课程的选修学生，那么第二个网页中的关联关系要比第一个网页中的强。

为了便于名字消歧，对社交网络进行如下调整。为每个歧义的数据对象构建一个独立的网络。图 5-7a 是名字 Alice 的网络，在这个网络

中，Gil 通过 Dan 和 Fran 与 Alice 间接地关联起来。

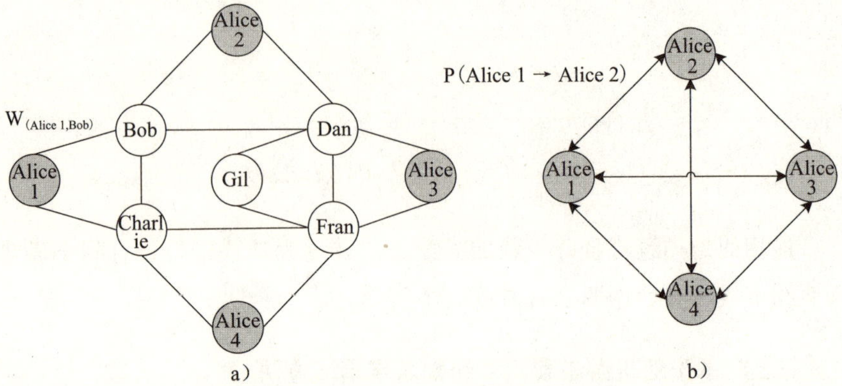

a） b）

图 5-7 基于随机游走的名字消歧示例

给定一个社交网络，在其上运行随机游走算法。一次随机游走起始于一个歧义的结点。从结点 a 到 b 的概率为

$$P(a \to b|a) = w_{ab} / \sum_j w_{aj} \tag{5.16}$$

其中，w_{ij} 表示从结点 i 到结点 j 的随机游走概率。注意，$P(a \to a|a)=0$。

随机游走的终止条件有：①到达了一个歧义的结点；②达到了最大步数，Malin 将最大步数设为 50。图 5-7b 是歧义的结点的后验概率关系图，该图中只包括歧义的结点。结点 a 和 b 的相似度为

$$\text{sim}(a,b) = (P(a \to b) + P(b \to a))/2 \tag{5.17}$$

其中，$P(a \to b)$ 表示从 a 出发到达 b 的概率。用单连接(single linkage)的聚类算法来处理结点的相似度，低于给定阈值的相似度对应的边将被移除，这样就会形成多个连通分量。每个连通分量指代一个实体，不同的连通分量指代不同的实体。

5.3.2 基于实体关系的实体消歧方法

Kalashnikov 等人提出一个基于实体关系的实体消歧方法 RelDC

(Relationship-based Data Cleaning)[12-16]，该方法解决的问题与 5.3.1 节中的问题类似。传统的实体消歧方法通常是基于属性相似度的，Kalashnikov 等人认为实体关系可以进一步提高实体消歧的准确性。比如，"D. White" 可能出现在某篇文章的作者列表中，而列表中还包括了其他作者，这些作者指向他们的工作单位等。这样就会形成一连串的实体关系。这些实体关系与属性相似度结合起来，可以提高实体消歧的准确性。

1. 一个实例

首先通过一个文章的作者的示例来展示实体关系有助于提高实体消歧的准确性。给定一个样例数据集，包括作者数据对象和文章数据对象。作者的关系模式为〈id，authorName，affiliation〉，文章的关系模式为〈id，title，authorRef1，…，authorRefN〉。这个样例数据集中包括如下的文章记录和作者记录：

文章记录：

(1)〈A_1，"Dave White"，"Intel"〉

(2)〈A_2，"Don White"，"CMU"〉

(3)〈A_3，"Susan Grey"，"MIT"〉

(4)〈A_4，"John Black"，"MIT"〉

(5)〈A_5，"Joe Brown"，null〉

(6)〈A_6，"Liz Pink"，null〉

作者记录：

(1)〈P_1，"Databases…"，"John Black"，"Don White"〉

(2)〈P_2，"Multimedia…"，"Sue Grey"，"D. White"〉

(3)〈P_3，"Title3…"，"Dave White"〉

(4)〈P_4，"Title4…"，"Joe Brown"，"Don White"〉

(5)〈P_5，"Title5…"，"Joe Brown"，"Liz Pink"〉

(6)〈P_6，"Title6…"，"Liz Pink"，"D. White"〉

就上面的例子来说，实体消歧的目标就是把每篇文章的 authorRef 与正确的作者对应起来。

基于属性相似度的方法通过比较作者数据对象中的相关属性可以解决大部分的实体消歧问题。例如，基于属性相似度的方法可以将 P_2 中的“Sue Grey”与 A_3 对应。唯一的例外是 P_2 和 P_6 中的“D. White”，既可能对应 A_1（“Dave White”），也可能对应 A_2（“Don White”）。此时，基于属性相似度的方法无能为力，而利用一些上下文信息则可能解决这个问题。比如说，文章 P_1 和 P_2 的标题比较相似，而文章 P_2 和 P_3 的标题不太相似，那么文章 P_2 中的“D. White”更可能是文章 P_1 中的“Don White”。接下来，将尝试利用单纯的实体关系来辨析 P_2 和 P_6 中的“D. White”。

首先，作者“Don White”与 MIT 的“John Black”合作了文章 P_1，但作者“Dave White”没有与任何来自 MIT 的作者合作过。这一情况有助于解决我们的问题。P_2 中的“D. White”与 MIT 的“Susan Grey”是合作关系，那么 P_2 中的“D. White”很有可能是“Don White”。究其原因，已有的信息说明“Don White”与 MIT 有关联，而“Dave White”与 MIT 没有关联。

其次，作者“Don White”与“Joe Brown”合作了文章 P_4，“Joe Brown”与“Liz Pink”也有合作关系。然而“Dave White”与“Joe Brown”、“Liz Pink”都没有任何合作关系。“Liz Pink”是文章 P_6 的作者之一，那么文章 P_6 中的“D. White”更可能是“Don White”。已有的信息说明，“Don White”、“Joe Brown”和“Liz Pink”可能研究相近的领域，存在合作关系。

乍看起来，上述分析只是一种特殊情况，且依赖于领域知识。但是，如果将数据集看作数据对象的关系图，那么这是一种更一般的准则。如图 5-8 所示，将上文的样例数据集构建一个关系图，其中结点是数据对象或实体，边表示对象或实体间的关联关系。文章 P_2 和 P_6 中的“D. White”通过两个特殊的选择结点与“Dave White”和“Don White”

都有关联。选择结点是图中的一种特殊的结点，表示“D. White”指向与选择结点关联的两个实体之一。

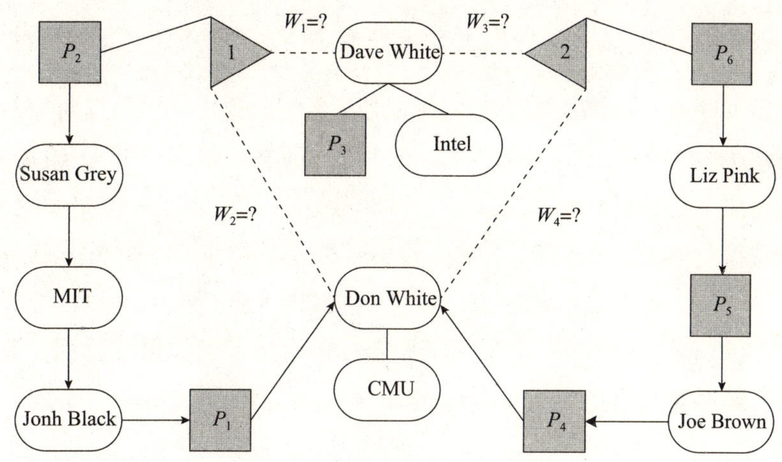

图 5-8　实体消歧示例的关系图

当得到关系图后，接下来可以通过上下文吸引准则(Context Attraction Principle，CAP)来解决上例中的实体消歧问题。

上下文吸引准则(CAP)是指与实体 x 关联的数据对象 r 的候选实体有 y_1，y_2，…，y_N，如果 r 指代某个实体 y_i，那么 x 与 y_i 的关联强度应该比 x 与 y_l(l=1，2，…，N；$l \neq j$)的关联强度更大。

考虑文章 P_2 中的“D. White”，在实体关系图中“Don White”和 P_2 之间存在如下路径：P_2→“Susan Grey”→MIT→“John Black”→P_1→“Don White”。同理，考虑文章 P_6 中的“D. White”，“Don White”和 P_6 之间存在如下路径：P_6→“Liz Pink”→P_5→“Joe Brown”→P_4→“Don White”。“Dave White”与 P_2 或 P_6 之间都不存在路径(不考虑经过选择结点的路径)。因此，应用上下文吸引准则可知，P_2 和 P_6 中的“D. White”都更可能是作者“Don White”。通常来说，不仅 P_2(P_6)与“Don White”之间可能存在路径，而且 P_2(P_6)与“Dave White”之间也可能存在路径。在这种情况下，如果想判断出“D. White”对应“Don White”还是“Dave White”，就需要计算“Don White”或“Dave White”与文章 P_2(P_6)的关联强度，哪个关联强度更

大，哪个就更有可能。

2. 相关概念

首先给出候选实体集和实体关系图概念，之后介绍实体消歧问题。

用 D 表示一个数据集，包括待识别的数据对象。D 中数据对象对应的实体集合为 $X=\{x_1, x_2, \cdots, x_{|X|}\}$。每个实体 x_i 包含一组属性，可能对应一组数据对象 $x_i.r_1$，$x_i.r_2$，…，$x_i.r_{nxi}$，总共 n_{xi} 个数据对象。每个数据对象 $x_i.r_k$ 都有一个唯一的描述形式，包括一个或多个属性值：$x_i.r_k.b_1$，$x_i.r_k.b_2$，…比如说，前文中文章实体包含一个属性 authorRef，为〈author name〉；如果除了作者，还增加了工作单位属性，那么文章实体的属性信息为〈author name，author affiliation〉。

1）**候选实体集**：给定一个数据对象 $x_i.r_k$，它必定对应 X 中的一个实体，记作 $d[x_i.r_k]$。然而，根据 $x_i.r_k$ 的字面信息，它跟 X 中的一组实体都有可能匹配。将这一组实体的集合称为 $x_i.r_k$ 的候选集，记作 CS$[x_i.r_k]$。候选集 CS$[x_i.r_k]$包括了 $x_i.r_k$ 可能指代的所有实体。候选集可以通过基于属性相似度的方法生成。为了简化表达，令 CS$[x_i.r_k]$有 N 个元素 y_1，y_2，…，y_N。

2）**实体关系图**：将数据集 D 看作一个无向的实体关系图 $G=(V, E)$，V 是结点集合，E 是边的集合。每个结点 $v[x_i]$对应一个实体 x_i，每条边对应一个实体关系。如果实体 x_i 包括一个实体 x_j 的引用，那么 $v[x_i]$与 $v[x_j]$间存在一条边。比如，文章 P 包含了一个作者 A 的引用 authorRef，表示 A 写了 P。

实体关系图中，边有权重，结点没有权重。边权重介于 0 和 1 之间，反映结点间的关联强度。比如，前文中示例，如果已知“John Black”100%地在 MIT 工作，那么就赋予他们之间的边权重为 1；但是如果“John Black”在 MIT 工作的可能性只有 80%，那么就赋予他们之间的边权重为 0.8。所有的边权重默认为 1。

如果 CS$[x_i.r_k]$只包括一个元素，那么将 $x_i.r_k$ 识别为 y_1，并且关

系图中 $v[x_i]$和 $v[y_1]$将存在一条边，其权重设置为1。如果 $CS[x_i.r_k]$包括多个元素，那么关系图中将包含一个选择结点 $cho[x_i.r_k]$，如图5-9所示，表示 $d[x_i.r_k]$可能是 y_1，y_2，…，y_N 中的一个。结点 $cho[x_i.r_k]$与结点 $v[x_i]$通过边 $e_0=(v[x_i], cho[x_i.r_k])$连接起来。同时，结点 $cho[x_i.r_k]$也与 N 个结点 $v[y_1]$，$v[y_2]$，…，$v[y_N]$连接；对于结点 y_j（$j=1, 2, \cdots, N$），存在边 $e_j=(v[y_j], cho[x_i.r_k])$。结点 $v[y_1]$，$v[y_2]$，…，$v[y_N]$称为选择结点 $cho[x_i.r_k]$的候选项，边 e_1，e_2，…，e_N 称为选择结点 $cho[x_i.r_k]$的候选边，相应的边权重称为候选权重。边 e_0 的权重为1，边 e_j($j=1, 2, \cdots, N$)的权重和为1，即 $w_1+w_2+\cdots+w_N=1$。

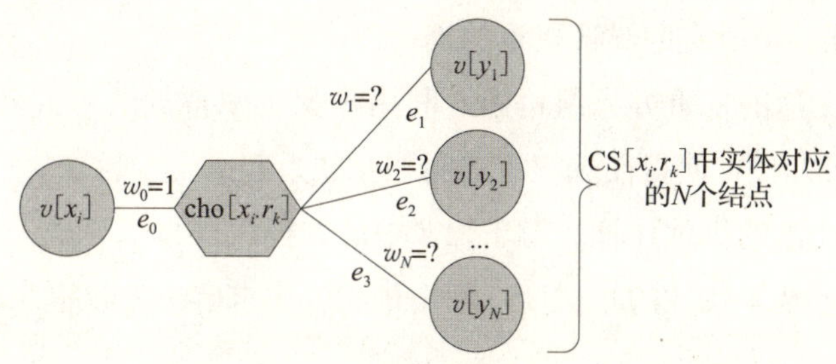

图5-9　选择结点示例

3）**实体消歧**：识别 $x_i.r_k$ 就是从 $CS[x_i.r_k]$中选择一个实体 y_j，来确定 $d[x_i.r_k]$。如果实体 y_i 是实体消歧的结果，那么 $x_i.r_k$ 被识别为 y_j。如果 $CS[x_i.r_k]$中只包括一个元素 y_1，那么 $x_i.r_k$ 自动地被识别为 y_1。如果 $CS[x_i.r_k]$中包括多个元素，那么 $x_i.r_k$ 是未识别的或不确定的。从图理论的角度来看，识别 $x_i.r_k$ 就是将权重1赋予边 y_j($j=1, 2, \cdots, N$)，并将权重0赋予 e_1，e_2，…，e_{j-1}，e_{j+1}，…，e_N。也就是说，$d[x_i.r_k]$为实体 y_j。

用 Resolve($x_i.r_k$)来表示识别 $x_i.r_k$ 的过程。Resolve($x_i.r_k$)就是赋予边 e_1，e_2，…，e_N 不同权重，并从中选择权重最大的边，那么这条边对应的结点就是 $d[x_i.r_k]$，即 y_j：$w_j=\max(w_l)$，其中 $l=1, 2, \cdots, N$。

3. 基于实体关系的实体消歧方法——RelDC

RelDC方法的输入是实体关系图G。假定在构建实体关系图G时已经用到了基于属性的相似度方法，因此，该方法是针对那些基于属性相似度方法无法识别的数据对象构建选择结点。RelDC方法是通过挖掘实体关系来进行实体消歧，并输出一个通过实体消歧的实体关系图，该图中不存在任何歧义的数据对象。RelDC方法主要包括下面四个步骤。

1）关联强度计算。对于每个数据对象$x_i.r_k$，计算$x_i.r_k$与它的候选集合CS[$x_i.r_k$]中每个实体y_j的关联强度$c(x_i, y_j)$。计算结果是一组等式，每个等式将$c(x_i, y_j)$与候选权重联系起来：$c(x_i, y_j)=g_{ij}(w*)$。$w*$表示图G中所有的候选权重的集合。

2）候选边的权重方程组构建。利用步骤1中得到的等式和CAP准则构建一组方程，使得候选权重之间相互联系起来。

3）候选边的权重计算。对步骤2中的方程组进行求解。

4）结合基于属性的相似度，利用步骤3中求解出的权重来进行实体消歧。

（1）关联强度的计算

关联强度$c(x_i, y_j)$的计算包括两个阶段：第一阶段找出x_i和y_j之间的所有关联关系；第二阶段衡量第一阶段找出的所有关联关系的强度，并作聚集。

1）关联关系发现。

通常来说，在关系图G中，结点$v[x_i]$和$v[y_j]$之间存在多条路径。直观地判断，这些路径中许多(比如很长的路径)是不重要的。为了快速地找出重要的关联关系，RelDC方法计算关系图G中结点$v[x_i]$和$v[y_j]$之间的不超过L的简单路径集合$P_L(x_i, y_j)$。如果一条路径的长度不超过给定参数L，那么这条路径不超过L。如果一条路径不包括重复的结点，那么这是一条简单路径。

计算 $c(x_i, y_j)$时，并不是考虑两结点之间的所有路径。给定数据对象 $x_i.r_k$，它的候选边为 e_1，e_2，…，e_N。在识别 $x_i.r_k$ 时，RelDC 通过关系图中除这些候选边以外的拓扑结构来计算出这些候选边的权重。也就是说，RelDC 利用图 $G'=G-\text{cho}[x_i.r_k]$。另外，计算 $c(x_i, y_j)$时用到的路径很可能包含其他候选结点的候选边。如果一条路径已经包含了一个候选结点的一条候选边，那么这条路径不能再包含相同的候选结点的其他候选边。比如，如果用于计算关联强度的一条路径已经包含了候选结点的一条候选边 e_j，那么这条路径不能再包含其他候选边：e_1，e_2，…，e_{j-1}，e_{j+1}，…，e_N。

2）关联强度计算。

计算结点 u 与 v 之间的关联强度 $c(u, v)$的一种直观的方法是，计算关系图 G 中从结点 u 到 v 的随机游走概率，其中每一步随机游走都以一定的概率发生。已有的研究工作基于马尔可夫随机过程来解决这类问题。然而，在 RelDC 的问题设定中存在非法路径，无法满足马尔可夫随机过程的要求，因此无法利用已有的方法来解决。RelDC 提出一个基于权重的模型(Weight-based Mode，WM)来解决关联强度计算问题。

WM 模型非常直观，它分别计算每条关联路径 p 的关联强度，然后将这些路径的关联强度求和得到结点 u 与 v 之间的关联强度 $c(u, v)$

$$c(u,v) = \sum_{p \in P_L(u,v)} c(p) \tag{5.18}$$

其中，从结点 u 到 v 的关联路径 p 的关联强度是图 G 中沿着路径 p 的概率。

例如，图 5-10 中结点 u 与 v 之间存在两条不同的路径：$p_a=u\rightarrow a\rightarrow v$ 和 $p_b=u\rightarrow b\rightarrow v$。结点 b 与除结点 u、v 以外的许多其他结点关联，而结点 a 只与结点 u、v 关联。可以认为结点 u、v 通过结点 a 产生的

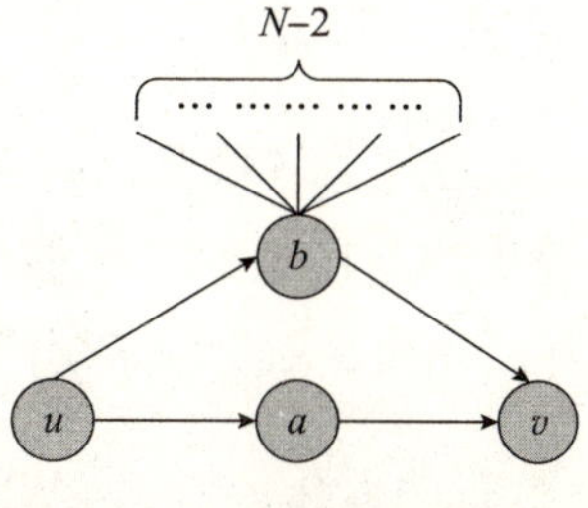

图 5-10　u、v 关联强度示例

关联强度比结点 u、v 通过结点 b 产生的关联强度要更大。

为了准确地论证 $c(p_a)>c(p_b)$，分别用沿着路径 p_a 和 p_b 的概率来表示 $c(p_a)$ 和 $c(p_b)$。

每条不超过长度 L 的简单路径 p 可以看作一组连续的 m 个结点 v_1，v_2，…，v_m，其中 $m\leqslant L+1$，如图 5-11 所示。从结点 v_i 出发，有 n_i+1 条边可以选择，权重分别为 $w_{i,0}$，$w_{i,1}$，…，w_{i,n_i}。沿着权重为 $w_{i,0}$ 的边走的概率与 $w_{i,0}$ 成正比，为 $w_{i,0}/\left(\sum_{j=0}^{n_i} w_{i,j}\right)$。沿着路径 p 的概率就是经过它的每条边的概率的乘积，即

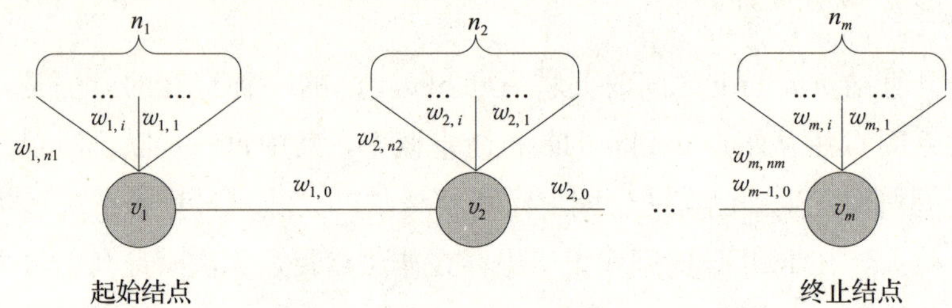

图 5-11 路径 $p=v_1\rightarrow v_2\rightarrow\cdots\rightarrow v_m$

$$c(p)=\prod_{i=1}^{m-1}\frac{w_{i,0}}{\sum_{j=0}^{n_i} w_{i,j}} \tag{5.19}$$

那么结点 u 和 v 的总的关联强度就是 $P_L(u,v)$ 中所有路径的关联强度的总和

$$c(u,v)=\sum_{p\in P_L(u,v)} c(p) \tag{5.20}$$

计算关联强度 $c(u,v)$ 实际上就是，求沿着不超过长度 L 的简单路径从结点 u 到达 v 的概率，而沿着某条边的概率与这条边的权重成正比。比如，前文中示例的权重如下：

$c_1=c(P_2$，“Dave White”$)=c(P_2\rightarrow$Susan$\rightarrow$MIT$\rightarrow$John$\rightarrow P_1\rightarrow$Don$\rightarrow P_4\rightarrow$Joe$\rightarrow P_5\rightarrow$Liz$\rightarrow P_6\rightarrow 2\rightarrow$Dave White$)=w_3/2$

$c_2=c(P_2$，“Don White”$)=c(P_2\rightarrow$Susan$\rightarrow$MIT$\rightarrow$John$\rightarrow P_1\rightarrow$Don White$)=1$

$c_3=c(P_6$，“Dave White”$)=w_1/2$

$c_4=c(P_6$，“Don White”$)=1$

（2）候选边的权重等式构建

给定未识别的数据对象 $x_i.r_k$ 和它的候选实体 y_j 以及两者之间的关联强度 $c(x_i, y_j)$，可以利用上下文吸引准则来确定关系图 G 中候选边的权重的关系。

给定一个数据对象 $x_i.r_k$，它的候选集合 CS$[x_i.r_k]$中包括 N 个元素 y_1，y_2，…，y_N，相应的边权重分别为 w_1，w_2，…，w_N，并且 $w_1+w_2+\cdots+w_N=1$。

RelDC 采用如下权重赋予策略：权重 w_1，w_2，…，w_N 与相应的关联强度成正比例，即 $w_j\times c_l=w_l\times c_j$。采用这种策略，权重 $w_j(j=1, 2, \cdots, N)$为

$$w_j=\begin{cases} c_j/\sum_{l=1}^{N}c_l & \sum_{l=1}^{N}c_l>0 \\ 1/N & \sum_{l=1}^{N}c_l=0 \end{cases} \tag{5.21}$$

比如，前文示例中的权重为：

$w_1=c_1/(c_1+c_2)=(w_3/2)/(1+(w_3/2))$

$w_2=c_2/(c_1+c_2)=1/(1+(w_3/2))$

$w_3=c_3/(c_3+c_4)=(w_1/2)/(1+(w_1/2))$

$w_4=c_4/(c_3+c_4)=1/(1+(w_1/2))$

（3）候选边的权重计算

给定一组候选边权重的方程组（如上一小节所示），RelDC 的目标求

解出这些候选边权重。当得到这些权重之后，RelDC 将利用这些权重来进行数据对象识别(消歧)。在前文的示例中，权重 $w_1=0$，$w_2=1$，$w_3=0$，$w_4=1$，那么 RelDC 判定 P_2 和 P_6 中的“D. White”是“Don White”。

将每个候选边的权重定义为其他权重的函数：$w_i=f_i(w^*)$。w_i 的准确函数取决于式(5.16)、式(5.17)和式(5.18)以及关系图 G 中结点 $v[x_i]$和 $v[y_j]$之间的不超过长度 L 的简单路径集合 $P_L(x_i, y_j)$。在实践中，$f_i(w^*)$是常量，因此 w_i 也是常量。

当前的目标就是在权重约束条件下，求解由所有 $w_i=f_i(w^*)$组成的方程组，从而计算出所有的边权重 w_i。由于所有 $w_i=f_i(w^*)$组成的方程组不一定有一个精确的解，将这些等式转换成不等式：$f_i(w^*)-\delta_i\leqslant w_i\leqslant f_i(w^*)+\delta_i$。其中，变量 δ_i 称为偏差，是非负实数。这样就将问题转化成一个非线性规划的问题，约束条件为上述不等式，目标是使所有偏差 δ_i 的和最小；额外的约束是，对于所有的 w_i 和 δ_i，$0\leqslant w_i\leqslant 1$，$0\leqslant\delta_i$。这样的非线性规划的问题一定存在解。

解决上述非线性问题的常用方法是通过数据工具，如 SNOPT。然而，这样的数据工具无法扩展到实体消歧这样的数据级的数据上。RelDC 提出一个简单的、迭代的方法来求解上述非线性问题。这个迭代的方法遍历每个数据对象 $x_i.r_k$，并将每个边权重初始化为 $1/|CS[x_i.r_k]|$。接下来，进入主迭代流程，为所有的 i 和 j 根据公式(5.17)计算 $c(x_i, y_j)$；在此过程中，所有的权重 w_j 由 $1/|CS[x_i.r_k]|$变成新的值。重复主迭代流程，直到所有的权重 w_j 收敛或者是通过外部命令停止。

现在对上文中的示例进行一轮迭代。初始时，$w_1=0$，$w_2=1$，$w_3=0$，$w_4=1$；接下来，$c_1=1/4$，$c_2=1$，$c_3=1/4$，$c_4=1$；最后，$w_1=1/5$，$w_2=4/5$，$w_3=1/5$，$w_4=4/5$。如果在此时停止迭代，利用这些权重值来判断得到的识别结果与精确解的结果是一样的：“D. White”指代“Don White”。

（4）基于边权重的实体消歧方法

给定待识别的数据对象 $x_i.r_k$ 和候选实体集合 $CS[x_i.r_k]=\{y_1, y_2, \cdots, y_N\}$，当计算出所有的权重 w_1，w_2，…，w_N 后，$d[x_i.r_k]$对应的实体是具有最大权重 w_j 的实体 y_j。

5.3.3　基于异构实体关系的实体消歧方法

日常生活中，不同的人或物可能拥有相同的名字，从而在各种应用中造成一定的困扰。当给定的数据对象只包括有限的信息时，将这些数据对象识别出来是十分困难的。Yin 等人提出一个基于异构实体关系的实体消歧方法——DISTINCT[17]。该方法将两个互补的相似度(近邻元组的集合相似度和基于随机游走的相似度)组合起来用于衡量数据对象间的相似度；接着，采用一个合成的层次聚类算法来进行实体消歧；最终，描述相同实体的数据对象归入相同的类簇，描述不同实体的数据对象归入不同的类簇。

1. 一个实例

人们经常会在 Web 上不同的数据库中进行信息检索，比如 DBLP、Yahoo shopping 和 AllMusic。在此过程中，经常遇到的一类问题是不同的实体拥有相同的名字。比如，DBLP 中有 197 篇文章由 14 个不同的 Wei Wang 发表；在 AllMusic 网站上，有 72 首歌曲和 3 张专辑名叫“Forgotten”。由于这些数据对象出现在不同的上下文，只包括有限的、有噪音的信息，用户常常无法辨别这些数据对象分别描述哪些实体。Yin 等人针对关系型数据库中的数据对象进行实体消歧。给定一个包含多类型数据对象的数据库，其中存在一些名字相同但描述不同实体的数据对象，如图 5-12 所示，当前的目标就是将描述相同实体的数据对象都分到同一个类簇。

与传统的实体识别相比，本节研究的实体消歧存在以下不同：①由于数据对象的名称是完全相同的，因此语义相似度无法起作用；②每个

图 5-12 四个不同的 Wei Wang 及相关引文信息

数据对象只包含少量的信息，因此无法单靠这些信息作出判断；③描述相同实体的不同数据对象出现在不同的上下文环境中，它们几乎没有共同或相似的属性。尽管待识别的数据对象只包含少量的信息甚至是不一致的信息，多类型的数据对象间的关联关系可以为数据对象分组（即消歧或识别）提供非常重要的信息。比如，在一个引文数据库中，描述作者的数据对象以多种方式通过作者、会议和文章引用关联起来。描述相同作者的数据对象通常以一定的方式关联，如通过合作者、合作者的合作者或文章引用。这些链接（Linkage）提供了非常重要的信息，通过综合地分析这些信息可以识别出这些数据对象。

2. 基于异构实体关系的实体消歧方法——DISTINCT

DISTINCT 方法包括三部分：数据对象相似度计算，基于自动构建训练集的监督学习和数据对象聚类。

（1）数据对象相似度计算

如果一组数据对象有相同的文本内容，那么称这组数据对象是相似的。如果两个数据对象描述相同的实体，则称为重复的或匹配的；否则，称为不重复的或不匹配的。DISTINCT 的目标是，将一组相似的数据对象划分成不同的类簇，从而使得类簇和实体之间形成一一对应关系。由于每个数据对象只包含非常有限的信息，DISTINCT 利用数据库中待识别数据对象与其他元组的关联关系。关联关系包括以下两种信息：待识别数据对象的近邻元组；数据对象间的链接。给定两个数据对象，两者的近邻元组的重叠越大或两者的链接越强，这两个数据对象越可能是重复的。

1）获取近邻元组。

给定一组待识别的数据对象，存在关系 R_r 中。给定元组 t_r 中的一个数据对象 r 和一条连接路径 P，其中 P 从关系 R_r 开始、结束于关系 R_t。r 沿着路径 P 的近邻元组 $NB_P(r)$是关系 R_t 中沿着路径 P 与可 t_r 连接的所有元组。

一个数据对象的近邻元组是指与它可连接的元组。一个数据对象有一组近邻元组，也就从包含这个数据对象的关系出发的连接路径到达的所有元组。近邻元组的语义意义是由连接路径决定的。比如，在如图 5-13 所示的 DBLP 数据库的关系模式中，考虑 Publish 关系中的作者的数据对象。沿着连接路径 Publish∞Publications∞Publish∞Authors 的近邻元组表示，一个数据对象的文章的作者。不同的连接路径有不同的语义，因此需要分别地对待不同的连接路径的近邻元组，然后通过监督地学习将它们组合起来。

除了数据对象的近邻元组，近邻元组的属性对于实体消歧也是非常有用的。比如，Conferences 关系中的近邻元组在属性 publisher 上有相同的值，说明这两个元组存在一定的关系。DISTINCT 把元组属性的值当作一个独立的元组(主键和外键除外)。比如，publisher 属性的每个唯

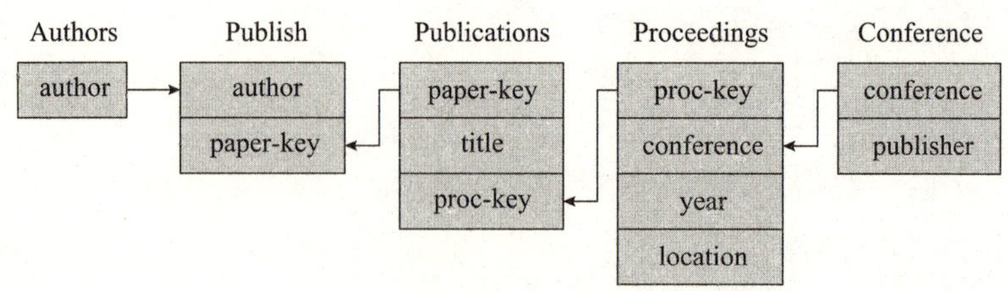

图 5-13 DBLP 数据库的关系模式

一的值(如 ACM、Springer 等)都被当作一个元组，Proceedings 关系中的 publisher 属性是引用其他元组的外键。通过这种方式，可以同时利用近邻元组以及它们的属性值来计算相似度。

2) 关联强度度量。

给定一个数据对象 r 和一条连接路径 P，r 与 $NB_P(r)$ 中不同元组的关联强度是不同的，比如，一个作者与不同合作者的关系。DISTINCT 用传播概率来衡量数据对象 r 和 $NB_P(r)$ 中近邻元组的关联强度。初始时，包含 r 的元组拥有概率 1。每一步，对于每个非 0 概率的元组 t，将 t 的概率平均地传播给沿着路径 P 与 t 可连接的所有元组。对于 $NB_P(r)$ 中的每个元组 t，计算 $Prob_P(r \rightarrow t)$，即沿着路径 P，从 r 到达 t 的概率，可用于衡量 r 与 t 间的关联强度；同理，$Prob_P(t \rightarrow r)$ 是沿着 P 的逆路径从 t 到达 r 的概率。

上述的传播概率可以通过沿着所有合理的连接路径进行深度优先遍历来计算得到。图 5-14 呈现了从 R_r 中的元组出发，传播到 R_1 和 R_1 中元组的概率变化过程。每个方格中的两个数字分别表示(从初始元组出发)到达这个元组的概率和从这个元组出发到达初始元组的概率。

3) 近邻元组的集合相似度计算。

关系数据库中，用两个数据对象的近邻元组的集合相似度来表示这两个数据对象的上下文相似度。近邻元组的集合相似度通过 Jaccard 系数来定义。一个数据对象与不同的近邻元组有不同的关联强度，因此将关联强度当作权重，提出权重化的 Jaccard 系数。给定两个数据对象 r_1

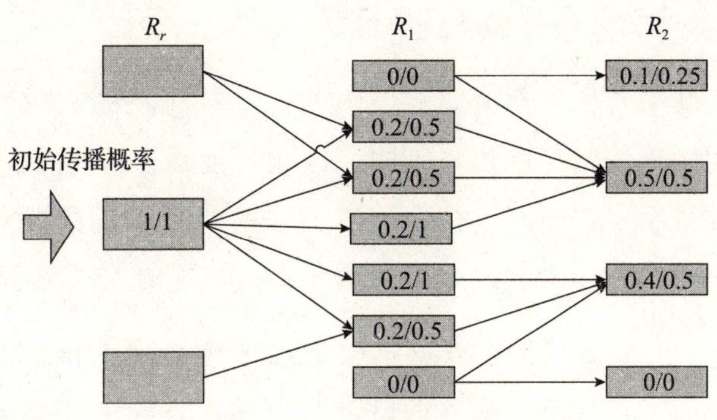

图 5-14　元组间的传播概率

和 r_2 以及连接路径 P，那么两者的近邻元组的集合相似度是

$$\text{Resem}_P(r_1,r_2)=\frac{\sum\limits_{t\in \text{NB}_P(r_1)\cap \text{NB}_P(r_2)} \min(\text{Prob}_P(r_1\rightarrow t),\text{Prob}_P(r_2\rightarrow t))}{\sum\limits_{t\in \text{NB}_P(r_1)\cup \text{NB}_P(r_2)} \max(\text{Prob}_P(r_1\rightarrow t),\text{Prob}_P(r_2\rightarrow t))} \tag{5.22}$$

4）数据对象的链路相似度计算。

除了近邻元组的集合相似度，影响两个数据对象的相似的另一个因素是两者之间的链接(Linkage)，即路径。DISTINCT 用多类型数据对象关联图上的随机游走模型来计算基于链接的相似度。两个数据对象的所有链接的总强度是在一定步数内从一个数据对象出发，到达另外一个数据对象的概率。

通常来说，沿着较长的连接路径的随机游走概率的计算代价较高。由于已经计算了从数据对象出发、到达它们的近邻元组的游走概率，以及从它们的近邻元组出发、到达这些数据对象的游走概率，通过组合这些概率可以较小代价地计算出两数据对象间的游走概率。

总之，两数据对象间的随机游走概率可以衡量它们链接的强度，它与近邻元组的集合相似度是互补关系。DISTINCT 将这两个相似度综合起来衡量数据对象的相似度。

（2） 基于监督学习训练路径权重

已有的基于实体关系的实体识别方法同等地对待所有的连接路径。然而，不同的连接路径的语义不同，因此应该赋予不同的权重。比如，在DBLP数据库中，与同一个合作者关联的两个作者数据对象的关联强度很大，而与同一个会议关联的两个数据对象的关联强度就小得多。

DISTINCT通过监督学习来确定不同连接路径的权重。为此，需要一个训练集，包括匹配的数据对象对(正面的)和不匹配的数据对象对(负面的)。传统的训练集构建需要大量的人力和领域知识，DISTINCT则自动地构建训练集。其基本思想是，多数应用中大部分实体有唯一的名字，而只有少量重名的情况。以人的姓名为例，由姓和名两部分组成。如果一个姓名由一个非常少见的姓和一个非常少见的名组成，那么这个名字很可能是唯一的，即不存在重名情况。现在找出数据库中这样的姓名，用它们来构建训练集。一对描述同一实体的数据对象是一个正面的样例，一对描述不同实体的数据对象是一个负面的样例。

给定训练集，通过支持向量机来学习基于不同连接路径的权重分配模型。每个训练样例(即一个数据对象对)都转换成一个向量，向量的每个维度都表示沿着某条连接路径的近邻元组的集合相似度。然后，用基于线性核的支持向量机来处理这个训练集。最终，学习得到沿着不同连接路径的集合相似度的线性组合。一般来说，重要的连接路径对应较大的权重，而其他的相似度的权重可能接近于0，可以在后续的计算中直接忽略。给定两个数据对象 r_1 和 r_2，两者综合的集合相似度为

$$\text{Resem}(r_1,r_2) = \sum_{p\in P} w(p) \cdot \text{Resem}_P(r_1,r_2) \tag{5.23}$$

其中，$w(p)$是连接路径 p 的权重。

（3） 数据对象聚类

给定一组具有相同名称的数据对象，DISTINCT将它们划分成不同

的类簇，每个类簇对应一个真实的实体。

1）聚类策略。

实体识别或消歧中的数据对象聚类具有以下特点：①数据对象并不是在欧几里得空间；②类簇的数目不是已知的；③重复的数据对象可以合并成一个类簇，表示同一个实体。因此，采用合并的层次聚类(Hierarchical Clustering)实现，初始时将每个数据对象当作一个类簇，然后反复地合并最相似的类簇。

聚类的一个重要方面是如何衡量两个类簇的相似度。单链(Single-Link)、全链(Complete-Link)和均链(Average-Link)是三个常见的类簇相似度。由于描述相同实体的多个数据对象可能形成弱关联的划分，全链不适合；描述不同实体的数据对象可能是关联的，因此单链也不适合。相对来说，均链比较适合数据对象聚类，它衡量两个类簇的综合相似性，不易受某些局部的相似度误导。

由于描述相同实体的多个数据对象可能形成弱关联的划分，均链也无法十分准确地衡量类簇的相似度。比如，在DBLP数据库中，同一个作者在多个不同的单位工作过，并在此过程中与不同的作者合作过。当这样的划分(类簇)比较大时，即使它们之间存在很多链接，它们基于均链的相似度也比较小。为了解决这个问题，将均链与两类簇的联合式随机游走概率结合起来计算类簇的相似度。两类簇的联合式随机游走概率是从一个类簇出发随机游走到达另外一个类簇的概率。具体来说，将基于均链的相似度和联合式随机游走概率综合起来衡量类簇的相似度。由于这两种相似度方法可能具有不同的数量级，采用几何平均数公式来组合这两种相似度，得到综合的类簇相似度

$$\mathrm{Sim}(C_1,C_2)=\sqrt{\mathrm{Resem}(C_1,C_2)\cdot \mathrm{WalkProb}(C_1,C_2)} \tag{5.24}$$

其中，$\mathrm{Resem}(C_1, C_2)$是两个类簇的基于均链的相似度，$\mathrm{WalkProb}(C_1, C_2)$是两个类簇的联合式随机游走概率。

2）聚类计算。

初始时，每个数据对象都是一个类簇，计算每两个类簇的集合相似度和随机游走概率。这个开销通常不会太大，因为有相同名称的数据对象的数量不会太多。每一步，最相似的两个类簇 C_1 和 C_2 将合并成一个新类簇 C_3；接下来，需要计算 C_3 与剩余的每个类簇 C_i 的相似度。当 C_3 变得非常大时，蛮力（brute-force）的方法需要花费与初始化时两两相似度计算的总开销相近的开销，来计算 C_3 与剩余的每个类簇 C_i 的相似度。在每一步都进行这样大开销的计算，显然是不可以接受的。

为了解决这个问题，提出了快速的类簇相似度计算方法，随着类簇的合并，增量地计算类簇相似度。提高计算速度的基本思想是，C_3 与 C_i 的基于均链的相似度和随机游走概率，都可以通过将 C_1、C_2 和 C_i 的相似度聚集后直接得到。

5.4 本章小结

大数据时代，数据呈现关联性，利用数据关联性可以更好地解决实体识别问题。联合式实体识别中，不同数据对象的识别结果相互影响，因此利用相似度传递同时对多个数据对象进行实体识别，可以提高实体识别的精确性。实体消歧或名字消歧是实体识别中一个非常重要的子问题，由于数据对象拥有完全相同的名称，单单通过属性信息无法解决消歧问题，而实体关系可以帮助解决消歧问题。本章介绍了基于关系的实体识别，分为两大类：联合式实体识别（包括基于关系聚类的联合式实体识别和复杂信息空间中的联合式实体识别）和基于实体关系的消歧（包括基于社交关系的名字消歧、基于实体关系的实体消歧和基于异构实体关系的实体消歧）。

参考文献

[1] I Bhattacharya, L Getoor. Deduplication and group detection using Links [J]. LinkKDD, 2004.

[2] Bhattacharya I, Getoor L. Iterative record linkage for cleaning and integration [C]. SIGMOD workshop DMKD, 2004: 11-18.

[3] Bhattacharya I, Getoor L. Collective entity resolution in relational data [J]. ACM Transactions on Knowledge Discovery from Data (TKDD), 2007, 1(1): 5.

[4] Bhattacharya I, Getoor L. Entity resolution in graphs [J]. Mining Graph Data, 2006: 311.

[5] Rastogi V, Dalvi N, Garofalakis M. Large-scale collective entity matching [C]. Proceedings of the VLDB Endowment, 2011, 4(4): 208-218.

[6] Sun Chenchen, Shen Derong, Yue Kou, et al. GB-JER: A graph-based model for joint entity resolution [C]. In Proceedings of 20th International Conference on Database Systems for Advanced Applications (DASFAA), 2015: 458-473.

[7] M Herschel, F Naumann, S Szott, et al [J]. Scalable iterative graph duplicate detection TKDE, 2012, 24(11): 2094-2108.

[8] Böhm C, de Melo G, Naumann F, et al. LINDA: distributed web-of-data-scale entity matching [C]. Proceedings of the Proceedings of the 21st ACM international conference on Information and knowledge management, 2012: 2104-2108.

[9] Dong X, Halevy A, Madhavan J. Reference reconciliation in complex information spaces [C]. Proceedings of the Proceedings of the 2005 ACM SIGMOD international conference on Management of data, 2005: 85-96.

[10] B Malin. Unsupervised name disambiguation via social network similarity [C]. Workshop on Link Analysis, 2005: 93-102.

[11] R Hölzer, B Malin, L Sweeney. Email alias detection using social network analysis [J]. linkKDD, 2005.

[12] Kalashnikov D V, Mehrotra S, Chen Z. Exploiting relationships for domain-independent data cleaning [C]. Proceedings of the SDM, 2005: 262-273.

[13] DV Kalashnikov. Domain-independent data cleaning via analysis of entity-relationship graph [J]. ACM Transactions on Database Systems, 2006, 31(2): 716-767.

[14] Zhaoqi Chen, Dmitri V Kalashnikov, S Mehrotra. Adaptive graphical approach to entity resolution [C]. JCDL, 2007.

[15] Rabia Nuray-turan, Dmitri V Kalashnikov, Sharad Mehrotra. Self-tuning in graph-based reference disambiguation [C]. DASFAA, 2007.

[16] Dmitri V Kalashnikov, Sharad Mehrotra. Adaptive connection strength models for relationship-based entity resolution [C]. JDIQ, 2013, 4(2): 8.

[17] Xiaoxin Yin, Jiawei Han, Philip S Yu. Object distinction-distinguishing objects with identical names by link analysis [C]. ICDE, 2007.

[18] Hermansson L, Kerola T, Johansson F, et al. Entity disambiguation in anonymized graphs using graph kernels [C]. CIKM, 2013: 1037-1046.

[19] Bekkerman R, McCallum A. Disambiguating web appearances of people in a social network [C]. WWW, 2005.

[20] Einat Minkov, William W Cohen, Andrew Y Ng. Contextual search and name disambiguation in email using graphs [C]. SIGIR, 2006.

‖ 第6章

新型的实体识别技术

6.1 引言

传统的实体识别技术典型面向数据记录集，基于相似度计算算法或基于学习模型实现重复记录识别，主要侧重如何提高实体识别的准确性，并有效地降低实体识别代价。然而，随着应用需求和实体识别技术的研究发展，还需要面对如下一些新的需求和应用场景。

1）有些数据记录存在具有时间特性的属性，如职级、经历等。具有时间特性的属性记录的识别过程表现出如下特点：在不同的时间段，描述同一实体的同一属性的取值可能不同，如雇员的职级属性的值“2000年为工程师”，而“2005 年为高级工程师”；在不同的时间段，描述不同实体的属性取值可能相同，如“2000 年就职于东北大学的张莉”和“2008 年就职于东北大学的张莉”，尽管单位名称相同、姓名相同，但对应不同的实体。传统的相似度计算方法不能很好适用，为此，提出了结合时间模型的相似度计算方法，改善实体识别的准确性。

2）传统基于机器的实体识别方法具有识别准确性不高的局限性，如“iPad Two 16GB WiFi White”和“iPad 2nd generation 16GB WiFi White”虽然是同一个实体，但基于 Jaccard 相似度计算公式得到的相似度仅为

0.57，不能确定是同一个产品。在“互联网＋”的今天，大众参与已成为当前商业模式常态，为此，提出了结合人-机混合的实体识别方法，利用大众的智慧来改善实体识别的准确性。

3）大数据时代的实体识别呈现出满足隐私保护的新应用需求，例如，同一实体用户的医疗信息分布在多个医院，为能够更准确地了解同一实体用户的健康及医疗状况，期望能够整合该实体用户在不同医院的体检以及诊断信息，有利于更准确地分析病情和了解该用户的健康状况。然而，由于涉及患者隐私，各医院并不希望暴露患者的医疗信息。为此，提出了隐私保护下的实体识别方法。

本章将介绍基于时间模型的实体识别技术、基于众包的实体识别技术和隐私保护下的实体识别技术。

6.2 基于时间模型的实体识别技术

在真实世界动态环境中，实体及其关联关系、关联实体会随时间演化。例如，一个国家的现任总统、一个人的前任配偶等。另外，现实世界中有些上下文、属性值也不是静态的，有些实体的描述属性会随时间演化，例如，东北大学计算机学院因搬迁至新校区，计算机学院的很多老师的工作电话和单位地址都发生了变化。这种随时间而值不同的属性（如工作电话和单位地址）称为*演化属性*。在实体识别过程中，具有相同属性值的两条记录不一定对应相同的实体，而具有不同属性值的两条记录也不一定对应不同的实体。例如，Xin Dong 和 Xin Luna Dong 在 2005 年和 2007 年具有相同的单位名称 Univ of Washington，却对应不同的实体；而同一实体 Xin Dong 在 1991 年的单位是 R. Polytechnic Institute，而在 2005 年为 Univ of Washington，尽管单位不同，却对应同一实体。这种具有演化属性的实体的演化过程称为*实体演化*。已有传统的没有考虑时间信息的实体识别方法不能适应具有时间特性的实体识别。为此，提出基于时间模型的实体识别方法，主要包括两部分：一是用于捕捉实体演化的时间模型，是识别具有演化属性的实体的核心部分；二是基于时间模型的实体识别算法，能够改善具有时间属性的重复记录识别的准确性。

6.2.1 一个实例

表6-1中的记录为从DBLP数据集中选出的文章作者信息，分别对应现实世界中的三个实体：

*e*1{*r*1}：作者“Xin Dong”，1991年工作在R. Polytechnic Institute。

*e*2{*r*2～*r*6}：作者“Xin Dong”与作者“Xin Luna Dong”是同一个实体，2004—2007年工作在Univ of Washington，2009—2010年工作在AT&T Labs-Reasearch。

*e*3{*r*7～*r*11}：作者“Dong Xin”，2004—2007年工作在Univ of Illinois，2008—2010年工作在Microsoft Research。

分析表6-1中记录：在*e*2{*r*2～*r*6}中，属性name的属性值“Xin Dong”和“Xin Luna Dong”不同，但对应同一个实体；在*e*1{r1}，*e*2{*r*2～*r*6}中，虽然具有相同的名字(属性name的属性值“Xin Dong”)，却对应不同的实体。

假设，不考虑演化属性的演化特点，仅基于属性相似度进行实体识别，具有识别准确性较低的局限性。

情况1：若基于属性“name”相似度识别，结果为三个实体组：{*r*1～*r*3}，{*r*4～*r*6}，{*r*7～*r*11}。

情况2：若基于属性“affiliation”相似度识别，结果为五个实体组：{*r*1}，{*r*2～*r*4}，{*r*5，*r*6}，{*r*7，*r*8}，{*r*9，*r*10，*r*11}。

情况3：若基于属性“name”和“affiliation”相似度识别，结果为六个实体组：{*r*1}，{*r*2～*r*3}，{*r*4}，{*r*5，*r*6}，{*r*7，*r*8}，{*r*9，*r*10，*r*11}。

可见，上述三种情况均不能得到正确的结果。针对情况1，无法识

别出 $e1\{r1\}$，$e2\{r2\sim r3\}$；针对情况 2，将 $e2\{r2\sim r6\}$错分为$\{r2\sim r4\}$和$\{r5, r6\}$；针对情况 3，$e2\{r2\sim r6\}$错分为$\{r2\sim r4\}$，$\{r5, r6\}$，将 $e3\{r7\sim r11\}$错分为$\{r7, r8\}$，$\{r9, r10, r11\}$。

为此，提出了考虑演化属性的实体识别方法，即基于时间模型的实体识别的方法，期望改善实体识别的准确性。

表 6-1 DBLP 中文章作者信息片段

eid	rid	name	affiliation	co-authors	year
*e*1	*r*1	Xin Dong	R. Polytechnic Institute	Wozny	1991
*e*2	*r*2	Xin Dong	Univ of Washington	Halevy，Tatarinov	2004
*e*2	*r*3	Xin Dong	Univ of Washington	Halevy	2005
*e*2	*r*4	Xin Luna Dong	Univ of Washington	Halevy，Yu	2007
*e*2	*r*5	Xin Luna Dong	AT & T Labs-Research	Das Sarma，Halevy	2009
*e*2	*r*6	Xin Luna Dong	AT & T Labs-Research	Naumaunn	2010
*e*3	*r*7	Dong Xin	Univ of Illinois	Han，Wah	2004
*e*3	*r*8	Dong Xin	Univ of Illinois	Wah	2007
*e*3	*r*9	Dong Xin	Microsoft Research	Wu，Han	2008
*e*3	*r*10	Dong Xin	Microsoft Research	Chaudhuri，Ganti	2009
*e*3	*r*11	Dong Xin	Microsoft Research	Ganti	2010

6.2.2 时间模型

时间模型用来预测实体的某个属性随时间发生变化的概率的情况，并将这种概率转化为计算属性值相似度的权重，应用于记录的相似度计算中。对于具有相同属性值但对应不同实体的记录，时间模型能很好地降低该属性的权重；对于具有不同属性值但对应相同实体的记录，时间模型也能降低该属性的权重，使得因属性值不同对实体识别结果的影响变小。因此，对于带有演化属性的记录集，将时间模型应用于相似度计算会提高实体识别的准确性。

用于实体识别的时间模型主要基于以下两点：一是实体内属性不一致问题，即随着时间的变化，属性值不同的记录不一定对应不同的实体，如 Xin Dong 在 1991 年的单位是 R. Polytechnic Institute，而在 2005 年为 Univ of Washington，尽管随着时间工作单位不同，但却都是同一实体 Xin Dong 的记录信息；二是实体间属性一致问题，即随着时间的变化，属性值相同的记录也不一定对应同一实体，如虽然 Xin Dong 和 Xin Luna Dong 在 2005 年和 2007 年都具有相同的单位名称 Univ of Washington，但却对应两个不同的实体。

已有的时间模型主要有四种：一种是时间衰减模型[1]，通过统计实体属性值的生命周期来预测实体的属性取值在一定时间段内发生改变的概率；另一种是实体突变模型[2]，通过统计实体的属性值重复出现的概率评估属性值在某个时间点发生变异的概率，来预测实体内的属性值不一致的情况；第三种是条件概率模型[3]，通过计算在对应不同实体的条件下记录具有相同属性值的条件概率，来预测实体间属性一致的情况；第四种是属性值转换模型[4]，通过计算属性值转换的次数来预测属性值之间转换的概率。

1. 时间衰减模型

随着时间的推移，实体的属性值会发生改变。在一定的时间间隔内，一方面，记录的属性值不同不能表明这些记录对应不同的实体，通常使用**不一致衰减模型**(Disagreement Decay)来捕捉；另一方面，随着时间的推移，某些记录可能具有相同的属性值，但具有相同属性值的记录不能表明这些记录对应相同的实体，通常使用**一致衰减模型**(Agreement Decay)来捕捉。不一致衰减模型和一致衰减模型是两种不同的时间衰减模型(Time Decay Model)，基于训练标签数据集学习获得或由领域专家定义。

(1) 不一致衰减模型

不一致衰减模型[1]描述为在 Δt 时间内实体的属性 A 取值发生改变的概率。令 Δt 为一个时间间隔，属性 A 为一个单值属性，则属性 A 在时间间隔 Δt 内的不一致衰减模型定义为 $d^{\neq}(A, \Delta t)$。

给定一个实体 E 和对应实体的一组记录 r_1，…，r_n，$n \geqslant 1$，记录按时间戳升序排列。对于一个时刻 t，若存在一个记录 r_i，$i\in[2, n]$，r_i 的值与 r_{i-1} 的值不同，则时刻 t 是一个变化点，若 t 不是实体 E 的最后一个时间点，则称时间跨度 $[t, t_{next})$ 为全时间跨度，t_{next} 是下一个变化点。如果 t 是实体 E 的最后一个时间点，则称时间跨度 $[t, t_{end}+\delta)$ 为部分时间跨度，其中，t_{end} 是实体 E 的最后一个记录的时间戳，δ 为一个时间单元。一个时间跨度 $[t, t')$ 的长度为 $\Delta t=t'-t$，表明实体的属性值在 $t'-t$ 的时间内不发生变化。这里将全时间跨度的集合定义为 $\overline{L}_f$，部分时间跨度的集合定义为 $\overline{L}_p$，则不一致衰减的计算公式定义为：

$$d^{\neq}(A,\Delta t)=\frac{|\{l\in\overline{L}_f \mid l\leqslant\Delta t\}|}{|\overline{L}_f|+|\{l\in\overline{L}_p \mid l\geqslant\Delta t\}|} \tag{6.1}$$

以表 6-1 中 $e2\{r2\sim r6\}$ 实体为例，对于演化属性 affiliation，2009 为单位属性的转折点，[2004，2009)为全时间跨度，$t_{next}=2009$ 为下一个变化点；[2009，2011)为部分时间跨度，$t=2009$ 是最后一个时间点；因为后续没有单位的改变，$t_{end}=2010$ 为最后一个记录的时间戳。$e2$ 中属性 affiliation 存在一个全时间跨度 $\Delta t=2009-2004=5$，一个部分时间跨度 $\Delta t=2011-2009=2$。

同理，e1{r1}中不存在全时间跨度，存在一个部分时间跨度 $\Delta t=1$。$e3\{r7\sim r11\}$ 中，存在一个全时间跨度 $\Delta t=2008-2004=4$，一个部分时间跨度 $\Delta t=2011-2008=3$。

因此，基于表 6-1 中记录的演化属性 affiliation，$\overline{L}_f=\{4, 5\}$，$\overline{L}_p=\{1, 2, 3\}$。

令 A=affiliation，则：若 $\Delta t\in[0, 1]$ 时，$d^{\neq}(A, \Delta t)=0/(2+3)=0$（注：分子“0”表示没有满足 $\Delta t\in[0, 1]$ 的全时间跨度，分母中“2”表示有 2 个全时间跨度，“3”表示有 3 个满足 $\geqslant\Delta t$ 的部分时间跨度）；若 $\Delta t=2$ 时，$d^{\neq}(A, \Delta t)=0/(2+2)=0$；若 $\Delta t=3$ 时，$d^{\neq}(A, \Delta t)=0/(2+1)=0$；若 $\Delta t=4$ 时，$d^{\neq}(A, \Delta t)=1/(2+0)=0.5$；若 $\Delta t\geqslant5$ 时，$d^{\neq}(A, \Delta t)=2/(2+0)=1$。

（2）一致衰减模型

一致衰减模型[1]描述为在 Δt 时间内两个不同的实体在属性 A 上具有相同的属性值的概率。令 Δt 为一个时间间隔，属性 A 为一个单值属性，属性 A 在时间间隔 Δt 内的一致衰减模型定义为 $d^{=}(A, \Delta t)$。

若实体 E_1 在时间跨度 $[t_1, t_2]$ 上具有属性值 v，实体 E_2 在时间跨度 $[t_3, t_4]$ 上具有属性值 v，假设 $t_1 \leqslant t_3$，对于任何的 $\Delta t \geqslant \max\{0, t_3 - t_2 + \delta\}$，$E_1$ 和 E_2 在 Δt 时间内具有相同的属性值 v，将 $\Delta t \geqslant \max\{0, t_3 - t_2 + \delta\}$ 称为实体 E_1 和 E_2 在属性值 v 上的时间跨度，时间跨度集合描述为 $\overline{L}$。要注意的是，对于从来不具有相同属性值的两个实体的时间跨度定义为无穷大。则一致衰减的计算方式定义为

$$d^{=}(A, \Delta t) = \frac{|\{l \in \overline{L} \mid l \leqslant \Delta t\}|}{|\overline{L}|} \tag{6.2}$$

以表 6-1 中实体 $e1\{r1\}$ 和 $e2\{r2 \sim r6\}$ 为例，对于演化属性 name，$e1$ 在 [1991，1992) 和 $e2$ 在 [2004，2007) 具有相同的属性值 "Xin Dong"，则 $\Delta t = 2004 - 1992 + 1 = 13$，$e1$ 在 [1991，1992) 和 $e2$ 在 [2007，2009) 时间跨度中没有相同的属性值，则 $\Delta t = \infty$，同理，$e1$ 在 [1991，1992) 和 $e2$ 在 [2009，2010) 时间跨度中也没有相同的属性值，则 $\Delta t = \infty$。因此，$\overline{L} = \{13, \infty, \infty\}$，$d^{=}(name, \Delta t \in [0, 12]) = 0/3 = 0$，$d^{=}(name, \Delta t \geqslant 13) = 1/3 = 0.33$。

（3）时间衰减模型的应用

当计算两条具有较大时间间隔的记录的相似度时，希望降低对属性值不同的惩罚，同时也降低对具有相同属性值的奖励。为此，基于时间衰减模型来为属性值的相似度分配权重。属性值的权重由两条记录的时间间隔和属性值的相似度共同决定，具体计算公式定义为：

$$w_A(\mathrm{sim}_A(r, r'), \Delta t)) = \begin{cases} 1 - d^{=}(A, \Delta t) & \mathrm{sim}_A(r, r') > \theta_{\mathrm{h}} \\ 1 - d^{\neq}(A, \Delta t) & \mathrm{sim}_A(r, r') < \theta_{\mathrm{l}} \\ 1 - \mathrm{sim}_A(r, r') \cdot d^{=}(A, \Delta t) & \\ \quad - \mathrm{sim}_A(r, r') \cdot d^{\neq}(A, \Delta t) & \text{其他} \end{cases} \tag{6.3}$$

其中，$sim_A(r, r')$为记录 r、r'在属性 A 上的相似度，θ_h和 θ_l 分别为阈值定义。

令$\mathcal{A}$为实体记录的属性集合，$A\in\mathcal{A}$是一个属性，$sim_A(r, r')=sim(r.A, r'.A)$，将属性权重应用到实体记录相似度计算公式，得到记录 r、r'的相似度 $sim(r, r')$，具体定义为

$$sim(r,r')=\frac{\sum_{A\in\mathcal{A}} w_A(sim_A(r,r'),|r.t'-r.t|)\cdot sim_A(r,r')}{\sum_{A\in\mathcal{A}} w_A(sim_A(r,r'),|r.t'-r.t|)} \tag{6.4}$$

2. 实体突变模型

时间衰减模型主要侧重于预测实体的属性值在一定的时间间隔内是否会发生变异的概率。而实体突变模型(Entity Mutation Model)侧重于实体属性值在一定的时间内重现的概率，主要用于捕捉实体内的属性不一致的情况，但也可以用于捕捉实体间的属性一致的情况。具体由实体突变、突变点/突变记录和突变函数来描述。

(1) 一个实例

表 6-2 中内容为 DBLP 中来自于同一作者“Lei Wang”的文章出版信息，观察作者“Lei Wang”的工作单位“affiliation”、合作者“co-authors”信息，尽管随时间信息“year”的变化而变化，但从中可以观察到，作者“Lei Wang”在 2001 年离开“Xidian University”之后，2007 年又加入了“Xidian University”；相应的合作者“co-authors”集也随着时间演化出现重现现象，如“Licheng Jiao”。为解决实体内属性值不一致的情况，提出实体突变模型，用于捕捉实体内的属性值变化的情况以及实体属性值在一定的时间内重现的概率，以此预测演化属性的相似度权值。

表 6-2 DBLP 中作者“Lei Wang”记录样例

rid	eid	name	affiliation	co-authors	year
r_1	e_1	Lei Wang	Xidian University	Licheng Jiao	1999
r_2	e_1	Lei Wang	Xidian University	Licheng Jiao	2000

（续）

rid	eid	name	affiliation	co-authors	year
r_3	e_1	Lei Wang	Xidian University	Licheng Jiao	2001
r_4	e_1	Lei Wang	Xi'an Univ. of Tech.	Yinling Nie，Weike Nie，Licheng Jiao	2005
r_5	e_1	Lei Wang	Xi'an Univ. of Tech.	Yinling Nie，Weike Nie，Licheng Jiao	2006
r_6	e_1	Lei Wang	Xi'an Univ. of Tech.	Liya Wang，Yinling Nie	2006
r_7	e_1	Lei Wang	Xidian University	Jiaji Wu，Licheng Jiao，Li Zhang，Guangming Shi	2007
r_8	e_1	Lei Wang	BeijingUniv. of A&A	Zheng Wan，Chen Yang，LiZhang，Qiang Ye	2009
r_9	e_1	Lei Wang	Xidian University	Licheng Jiao，Jiaji Wu，Guangming Shi	2009
r_{10}	e_1	Lei Wang	Xidian University	Licheng Jiao，Jiaji Wu，Guangming Shi，Yanjun Gong	2010

（2）相关概念

实体突变：令 E 为一个实体，A 是一个属性，如果实体 E 的属性 A 在时刻 t 变为一个从未出现过的属性值 v，则称实体 E 的属性 A 在 t 时刻发生突变。

突变点/突变记录：令 Δt 是一个时间间隔，A 是一个单值属性或者多值属性，记录 r 是表示实体 E 在时刻 t 的一条记录，且 $r.A=\{r.a_1, \cdots, r.a_n\}$ 为属性 A 的属性值。如果实体 E 在时间间隔 Δt 内没有记录与记录 r 在属性 A 上具有相同的属性值，则称 r 是一条突变记录，$r.t$ 是一个突变点。

表 6-2 中，若 Δt 小于 7 年，则 $r1$、$r4$、$r7$、$r8$ 是实体 $e1$ 在工作单位“affiliation”属性上的突变记录，而 2005、2007、2009 是突变点。

（3）实体突变模型

实体突变模型[2]的核心是捕捉对应同一实体的一组记录集 R 在演化属性 A 上的值的突变概率。令 A 为一个属性，记录集 $R\{r_1, \cdots, r_n\}$是与实体 E 相关的记录集，t 是一个时间点，则突变函数 $M_A(R, t)$表示实

体 E 在记录集 R 上 t 时刻属性 A 上有一个突变记录的概率。

令 $h_{\Delta t}^{A}$ 为在 Δt 时间内属性 A 的属性值重现的次数，$m_{\Delta t}^{A}$ 为在 Δt 时间内属性 A 的属性值不重现的次数，则属性值重现的概率 $R_A(\Delta t)$ 描述如下：

$$R_A(\Delta t)=\begin{cases}1 & \Delta t=0\\ \dfrac{h_{\Delta t}^{A}}{h_{\Delta t}^{A}+m_{\Delta t}^{A}} & 1\leqslant \Delta t\leqslant t_{\max}\\ \dfrac{h_{\Delta t_{\max}}^{A}}{h_{\Delta t_{\max}}^{A}+m_{\Delta t_{\max}}^{A}} & \Delta t\geqslant t_{\max}\\ 0 & \text{其他}\end{cases} \tag{6.5}$$

例如，以 co-authors 值“Licheng Jiao”为例，$\Delta t=1$(1-year)的重现次数为 5，即 1999～2000、2000～2001、2005～2006、2006～2007、2009～2010，$\Delta t=2$(2-year)的重现次数为 3，即 1999～2001、2005～2007、2007～2009；而 1-year 的不重现次数为 2，即 2001～、2007～，2-year 的不重现次数为 3，即 2000～、2001～、2006～。基于表 6-2，$t_{\max}=2010$，则 $\Delta t=1$ 时，$R_{\text{co-authors}=\text{“Licheng Jiao”}}(\Delta t)=5/(5+2)=0.714$，$\Delta t=2$ 时，$R_{\text{co-authors}=\text{“Licheng Jiao”}}(\Delta t)=3/(3+3)=0.5$。如图 6-1 所示。

1999,2000,2001,2002,2003,2004,2005,2006,2007,2008,2009,2010

图 6-1 表 6-2 中 co-authors 值“Licheng Jiao“的转换示例

对于实体 E 的一组记录集 R，R 中记录 r 的属性 A 的值在 t 时刻不等于 v 的概率描述为 $M_{v\in A}(R, t)$

$$M_{v\in A}(R,t)=\frac{\prod\limits_{r\in R_{v,t}}(1-R_A(t-r.t))}{\prod\limits_{r\in R_{v,t}}R_A(t-r.t)+\prod\limits_{r\in R_{v,t}}(1-R_A(t-r.t))} \tag{6.6}$$

其中，$R_{v,t}=\{r\mid r\in R\wedge r.t<t\wedge v\in r.A\}$ 表示记录集 R 中属性 A 的值等于 v 且时间戳小于时刻 t 的记录，分子是属性 A 取值 v 的记录不重现的概率的积，分母是属性 A 取值 v 的记录不重现概率的积和属性值等

于 v 的记录重现概率的积的和。

则属性 A 在时刻 t 的变异概率描述为属性 A 的所有属性值发生变异的概率的积。

$$M_A(R,t) = \prod_{v \in R.A} M_{v \in A}(R,t) \tag{6.7}$$

（4）实体突变模型的应用

实体突变模型主要应用于属性值之间相似度计算的权重，用于精确捕捉基于实体内属性不一致和实体间属性一致的情况。

首先，根据公式(6.7)，利用基于值的突变函数 $M_{v\in A}(R, t)$定义 $r.A$ 中所有值在 $r'.t$ 时刻不重现的概率为

$$M_{v \in r.A}(R,r'.t) = \prod_{v \in r.A} M_{v \in A}(R,r'.t) \tag{6.8}$$

对于给定的记录 r 和 r'，$r'.t-r.t=\Delta t$，分析如下场景：

场景 1：假设记录 r 和 r'在时刻 t 属性 A 上具有不同的属性值，如果在 $r'.t(r'.t>t)$时刻 $r.A$ 的值具有高不重现概率，则记录 r 和 r'不可能对应同一个实体，因此应将高权重赋予属性 A；如果在 $r'.t$ 时刻 $r.A$ 的值具有高重现概率，则记录 r 和 r'可能对应同一个实体，即属于实体内属性不一致问题，因此也应将低权重赋予属性 A。

场景 2：假设记录 r 和 r'在时刻 t 属性 A 上具有相同的属性值，如果 $r.A$ 的属性值在 $r'.t(r'.t>t)$时刻具有高不重现概率，则记录 r 和 r'在 $r'.t$ 时刻属性 A 上也很可能具有不相同的值，即属于实体间属性一致问题，因此应将低权重赋予属性 A；如果 $r.A$ 的属性值在 $r'.t$ 时刻具有高重现概率，则记录 r 和 r'在 $r'.t$ 时刻属性 A 上很可能具有相同的值，即记录 r 和 r'很可能对应同一实体，因此应将高权重赋予属性 A。

综合上述两种情况，对于属性值越相似，或者是对应同一实体(突变概率小，则权值高)，或者是实体间属性一致的情况(突变概率大，则权重低)；而对于相似度较小的属性，或者对应不同实体(无突变概率，

则权重高)，或者是实体内属性不一致的情况(突变概率高，则权值低)。因此，基于突变函数得到如下属性权重加权计算方式为

$$w_A(r,r') = \begin{cases} 1+\vartheta_m \cdot (1-M_{v\in r.A}(R,r'.t)) & \text{sim}_A(r,r') \geqslant \theta_A \\ 1-\vartheta_m \cdot M_{v\in r.A}(R,r'.t) & \text{其他} \end{cases} \tag{6.9}$$

其中，ϑ_M为控制突变函数重要性的参量，θ_A 为学习的属性 A 的相似度阈值。

最后，将公式(6.9)的属性权重应用到相似度的计算公式：

$$\text{sim}(r,r') = \frac{\sum\limits_{A\in\mathcal{A}} w_A(r,r') \cdot \text{sim}_A(r,r')}{\sum\limits_{A\in\mathcal{A}} w_A(r,r')} \tag{6.10}$$

3. 条件概率模型

对于实体间属性一致的情况，条件概率模型也是一种很好的解决方案。条件概率模型[3]通过属性值的分布来捕捉实体间属性一致的情况。这与基于频率的相似度加权方式相类似。

(1) 条件概率模型

对于给定的记录 r 和 r'，事件 S：r 和 r'对应相同的实体，则$\neg$ S 事件表示 r 和 r'对应不同的实体。事件 A：r 和 r'在属性 A 上具有相同的属性值，则事件$\neg A$ 表示 r 和 r'在属性 A 上具有不同的属性值。相应的计算公式如下。

对应相同实体且具有相同属性值的概率表示为

$$\begin{aligned} P(A,\Delta t|S) = & P(\text{sim}_A(r,r') \geqslant \theta \wedge |r.t'-r.t| \\ & = \Delta t | r.e = r'.e) \end{aligned} \tag{6.11}$$

其中，$r.e=r'.e$ 表示 r 与 r'对应同一实体，θ 是阈值。

对应相同实体但具有不同属性值的条件概率表示为

$$P(\neg A,\Delta t|S) = 1-P(A,\Delta t|S) \tag{6.12}$$

例如，以表6-1中$e2\{r2\sim r6\}$为例，$\Delta t=2010-1991=19$，令$A=$name，则$P(A,\ \Delta t|S)=4/10$。

因为，存在对应同一实体的总匹配记录对为$5\times 4/2=10$，其中属性name的值相同的记录对有$\{(r2,\ r3),\ (r4,\ r5),\ (r4,\ r6),\ (r5,\ r6)\}$。

$$P(A,\Delta t|\neg S)=1-4/10=6/10$$

对应不同实体且具有不同属性值的概率表示为

$$\begin{aligned}P(\neg A,\Delta t|\neg S)=&\ P(\mathrm{sim}_A(r,r')<\theta\wedge|r.t'-r.t|\\&=\Delta t|r.e\neq r'.e)\end{aligned}\tag{6.13}$$

其中，$r.e\neq r'.e$表示r与r'对应不同的实体。

对应不同实体但具有相同属性值的条件概率表示为

$$P(A,\Delta t|\neg S)=1-P(\neg A,\Delta t|\neg S)\tag{6.14}$$

例如，以表6-1中$e1\{r1\}$和$e2\{r2\sim \mathrm{r}6\}$为例，$\Delta t=2010-1991=19$，令$A=$name，则$P(\neg A,\ \Delta t|\neg S)=3/5$。

因为存在对应不同实体的不匹配记录对为5对，其中属性name的值不相同的记录对有$\{(r1,\ r4),\ (r1,\ r5),\ (r1,\ r6)\}$。

$$P(A,\Delta t|\neg S)=1-3/5=2/5。$$

（2）概率模型计算方法

对于每一个实体的属性，概率模型应用两个数组来进行概率计算。给定两个数组$X_A[\Delta t]$和$D_A[\Delta t]$，$X_A[\Delta t]$保存的是在Δt时间内对应相同实体的两条记录在属性A上具有相同的属性值的记录对个数，$D_A[\Delta t]$保存的是在Δt时间内对应相同实体的两条记录在属性A上具有不同的属性值的记录对个数。相应的计算公式如下。

对应相同实体且属性值相同的概率表示为

$$P(X,\Delta t|S)=\frac{X_A[\Delta t]}{X_A[\Delta t]+D_A[\Delta t]} \tag{6.15}$$

对应相同实体且具有不同属性值的概率表示为

$$P(\neg A,\Delta t|S)=1-P(A,\Delta t|S) \tag{6.16}$$

例如，以表 6-1 中 $e2\{r2\sim r6\}$为例，Δt=2010−1991=19，令 A=name，则 $X_A[\Delta t]=4$，$D_A[\Delta t]=6$，则 $P(X, \Delta t|S)=4/10$，$P(X, \Delta t|\neg S)=1-4/10=6/10$。

对应不同实体且具有相同属性值的概率表示为

$$\begin{aligned}P(A,\Delta t|\neg S)&=1-P(\neg A,\Delta t|\neg S)\\&=P_A(v)=\frac{|r\in R,r.A=v|}{|R|}\end{aligned} \tag{6.17}$$

公式(6.17)中，通过属性值在实体中出现的频率的分布来估算 $P(A, \Delta t|\neg S)$，实体属性值出现的概率表示为

$$P_A(v)=\frac{|r\in R,r.A=v|}{|R|}$$

例如，以表 6-1 中 $e1\{r1\}$和 $e2\{r2\sim r6\}$为例，Δt=2010−1991=19，令 A=name，v=XinDong，存在的 5 对记录对中有两对记录对的属性 name 的值为 Xin Dong，则 $P(\neg A, \Delta t|\neg S)=2/5$。

（3）条件概率模型的应用

将条件概率模型应用于相似度计算，用于协调时间属性对实体识别的影响，具体公式为

$$\mathrm{sim}(r,r')=\frac{\sum_{A\in\mathcal{A}}w_A(\mathrm{sim}_s(r,r'),\Delta t)\cdot \mathrm{sim}_s(r,r')}{\sum_{A\in\mathcal{A}}w_A(\mathrm{sim}_s(r,r'),\Delta t)} \tag{6.18}$$

其中，$\Delta t=|r.t'-r.t|$，$\mathrm{sim}_s(r, r')$表示记录对之间的静态相似度。

当 $\text{sim}_s(r,\ r')\geqslant\theta$，即静态相似度大于给定阈值时：

$$\begin{aligned} w_A(\text{sim}_s(r,r'),\Delta t) &= \text{sim}_s(r,r')\cdot(1-P(A,\Delta t\mid\neg S)) \\ &= \text{sim}_s(r,r')\cdot P(\neg A,\Delta t\mid\neg S) \end{aligned} \tag{6.19}$$

当 $\text{sim}_s(r,\ r')<\theta$，即静态相似度小于给定阈值时：

$$\begin{aligned} w_A(\text{sim}_s(r,r'),\Delta t) &= \text{sim}_s(r,r')\cdot(1-P(\neg A,\Delta t\mid S)) \\ &= \text{sim}_s(r,r')\cdot P(A,\Delta t\mid S) \end{aligned} \tag{6.20}$$

4. 属性值转换模型

属性值转换模型[4]用于捕捉属性值之间的转换概率。对于给定的实体属性 A 的属性值 v，该模型用于捕捉在 Δt 时间间隔后，属性值变为 v' 的概率。属性值转换模型的核心思想是实体的属性值的变换具有一定的规律，且与时间间隔有关。例如，一个人的职位很有可能是从工程师变为项目经理，而不太可能变成房地产经纪人，一个人从工程师变为经理很有可能要经历三年到五年，而不是一年，如表 6-3 中的内容。为计算属性值转换概率，首先构建转换表，然后基于转换表计算转换概率。

表 6-3 雇员工作岗位申请表

Name	Organization	Title	Start	End
David Brown	S3	Engineer	2000	2001
	XJet	Engineer	2000	2002
	Aelita	Manager	2003	2005
	Quest Software	Manager	2006	2009
Tom	google	Engineer	2003	2004
	Apple	Analyst	2005	2006
	Twitter	Manager	2007	2009

(1) 构建转换表

首先将对应同一实体的记录按时间戳升序排列，然后通过滑动窗口的方式得到属性值之间转换的转换表，如图 6-2 所示。

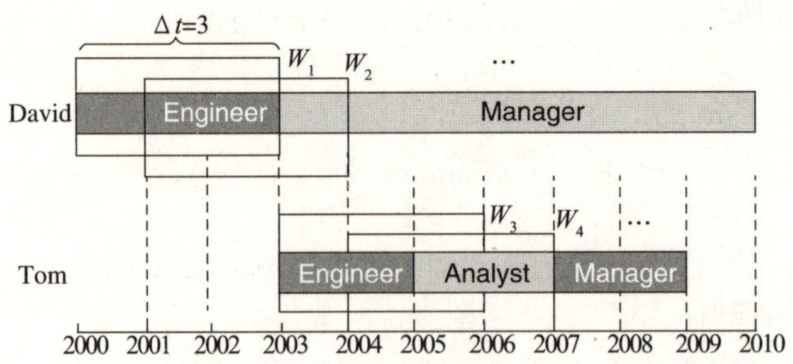

图 6-2 实体 David 和 Tom 的属性 Title 的值的转换示例

如表 6-4 所示的属性值转换表为表 6-3 中 Title 属性在时间间隔为 3 的时间内属性值转换的统计次数的情况，可描述为 T_3^{Title}。

表 6-4 属性值转换表示例

(v, v′)	count	(v, v′)	count
(Engineer，Manager)	4	(Engineer，Analyst)	1
(Manager，Manager)	4	(Analyst，Manager)	1

（2）转换概率计算方法

基于属性转换表可以得到属性值之间转换概率的函数 $P(v, v', \Delta t, A)$，即在 Δt 时间内，属性 A 的属性值从 v 变为 v' 的概率为

$$P(v,v',\Delta t,A)=\frac{T_{\Delta t}[(v,v')]}{\sum\limits_{x\in V'}T_{\Delta t}[(v,x)]} \tag{6.21}$$

其中，$T_{\Delta t}[(v, v')]$表示时间间隔为 Δt 时，属性值从 v 变为 v' 的次数 c，$V=\{v|\exists v'\exists c\langle(v, v')\rangle, c\in T_{\Delta t}\}$为 v 在转换表中存在的所有值组成的集合 V，$V'=\{v'|\exists v\exists c\langle(v, v')\rangle, c\in T_{\Delta t}\}$，为 v' 在转换表中存在的所有值组成的集合 V'。

对于不同长度的时间间隔 Δt，$P(v, v', \Delta t, A)$的计算方式不同：

$$P(v,v',\Delta t,A)=\begin{cases}1 & \Delta t=0\\ P(v,v',\Delta t,A) & \Delta t\in(0,L)\\ P(v,v',L-1,A) & \Delta t\geqslant L\end{cases} \tag{6.22}$$

其中，L 是所有记录对应的最大的时间间隔。

例如，结合表 6-3、表 6-4、图 6-2，当 $L=10$，$\Delta t=3$ 时，(Engineer，Manager)值对转换次数为 4，描述为 4⟨(Engineer，Manager)⟩，$V=\{$Engineer，Manager，Analyst$\}$，$V'=\{$Manager，Analyst$\}$。

对于属性值对(v, v')：

1) $v \in V$ 且 $v' \in V'$：若属性值转换表中没有属性值对(v, v')，用转换表中概率最小的属性值转换对的概率进行评估。

$$P(v,v',\Delta t,A)=\min_{v' \in V'}\{P(u,v',\Delta t,A)\} \tag{6.23}$$

2) $v \in V$ 且 $v' \notin V'$：属性值 v' 在转换表中不存在，或这种转换情况很少，采用同 1)相同的方式进行概率评估。

$$P(v,v',\Delta t,A)=\min_{v' \in V'}\{P(v,v',\Delta t,A)\} \tag{6.24}$$

3) $v \notin V$ 且 $v' \in V'$：与 2)的情况正好相反，评价方式为取所有 $v \in V$ 转换为 v' 的均值：

$$P(v,v',\Delta t,A)=\frac{\sum_{v \in V} T_{\Delta t}[(v,v')]}{\sum_{v' \in V'}\sum_{v \in V} T_{\Delta t}[(v,v')]} \tag{6.25}$$

4) $v \notin V$ 且 $v \notin V'$：对于 $v=v'$ 的情况，评估方式为转换前后属性值均相同的概率：

$$P(v,v',\Delta t,A)=\frac{\sum_{v \in V} T_{\Delta t}[(v,v)]}{\sum_{v' \in V'}\sum_{v \in V} T_{\Delta t}[(v,v')]} \tag{6.26}$$

5) $v \notin V$ 且 $v' \notin V'$：对于 $v \neq v'$ 的情况，首先计算属性值不等的次数的均值：

$$E(X)=\sum_{v \neq v'} P(v,v',\Delta t) \cdot T_{\Delta t}[(v,v')] \tag{6.27}$$

最终得到概率：

$$P(v,v',\Delta t,A)=\frac{E(X)}{\sum_{v\neq v'}T_{\Delta t}[(v,v')]} \tag{6.28}$$

（3）属性值转换模型的应用

1）演化属性的权重计算。

主要解决实体内属性不一致的情况。对于给定的记录 r，r'，当演化属性 A 上的相似度小于阈值时，即 $\mathrm{sim}_A(r,r')\leqslant\theta$，表示记录 r' 是记录 r 的一个变异记录，应该降低属性 A 的相似度权重。预测 r' 为一个变异记录的公式为：

$$M_{v\in r.A}(R_{v,t},r'.t)=\frac{\prod_{r\in R_{v,t}}P(r.A,r'.A,|r.t,r'.t|,A)}{\prod_{r\in R_{v,t}}P(r.A,r'.A,|r.t,r'.t|,A)}+\frac{\prod_{r\in R_{v,t}}P(r.A,r'.A,|r.t,r'.t|,A)}{\prod_{r\in R_{v,t}}(1-P(r.A,r'.A,|r.t,r'.t|,A))} \tag{6.29}$$

其中，$R_{v,r'.t}=\{r|r\in R\wedge r.t<r'.t\wedge v\in r.A\}$，$R_{v,r'.t}$ 是记录 r 对应的实体记录集中时间戳小于 $r'.t$ 的集合，公式(6.29)的分子为由 $R_{v,r'.t}$ 中所有的记录与记录 r' 的属性值的转换概率的乘积。

因此，属性 A 的相似度加权方式定义为：

$$w_A(r,r')=1-\theta_1\cdot M_{v\in r.A}(R_{v,t},r'.t),\quad \mathrm{sim}_A(r,r')<\theta \tag{6.30}$$

公式(6.30)表示当两条记录的相似度小于阈值 θ 时，则降低相似度的权重为 $w_A(r,r')$，θ_1 的值可以根据具体的情况进行灵活的设置。

2）实体与聚类的相似度计算。

在实体与聚类匹配中，应用属性值转换模型，面向属性 A 计算实体 e 的实体概要 Φ_e 和聚类 c 间的匹配得分。

实体 e 的实体概要 Φ_e 描述实体 e 的属性值在一段时间内的变化情况。$\Phi_e[A]$ 描述实体 e 的属性 A 的演化情况，由演化的时间序列描述，如 $\langle f, l, V\rangle \in \Phi_e[A]$。其中，$\langle f, l, V\rangle$ 描述为属性 A 在时间区间 $[f, l]$ 的取值集合为 V。

例如，依据表 6-3 中可知：

$$\begin{aligned}\Phi_{\text{David}}[\text{Organization}] = [&\langle 2000,2001,\{\text{S3},\text{XJek}\}\rangle,\\ &\langle 2002,2002,\{\text{XJek}\}\rangle,\langle 2003,2005,\{\text{Aelita}\}\rangle,\\ &\langle 2006,2009,\{\text{Quest Software}\}\rangle]\\ \Phi_{\text{David}}[\text{Title}] = [&\langle 2000,2002,\{\text{Engineer}\}\rangle,\\ &\langle 2003,2009,\{\text{Manager}\}\rangle]\end{aligned}$$

应用属性值转换概率均值度量实体与聚类的转换得分：

$$\text{transit}P(\Phi_e[A],c,A) = \frac{\sum_{\langle f,l,V\rangle \in \Phi_e[A]} \overline{P}(V,V_c^A,I,I',A)}{|\Phi_e[A]|} \tag{6.31}$$

其中，$I=[f, l]$ 为集合 V 的时间间隔，$I'=[c.t_{\min}, c.t_{\max}]$ 为聚类 c 的最小、最大时间间隔，V_c^A 为聚类 c 中实体属性 A 的值集合。

$$\begin{aligned}\overline{P}(V,V_c^A,I,I',A) = \frac{1}{|I||I'|}\sum_{t\in I}\Bigg(&\sum_{\substack{t'\in I'\\ t'\geqslant t}} P(V,V',t'-t,A)\\ &+\sum_{\substack{t'\in I'\\ t'<t}} P(V,V',t-t',A)\Bigg)\end{aligned} \tag{6.32}$$

其中，

$$P(V,V',t'-t,A) = \frac{1}{|V'|}\sum_{v\in V'}\max_{v\in V}\{P(v,v',\Delta t,A)\} \tag{6.33}$$

6.2.3 基于时间模型的实体识别算法

根据不同的时间模型，提出了相应的基于聚类的实体识别算法。下面分别介绍基于时间衰减模型的实体识别算法、基于条件概率模型的实体识别算法和基于属性值转换模型的实体识别算法。

1. 基于时间衰减模型的实体识别算法

面向时间记录的实体识别研究最早提出了时间衰减模型以及相应的实体识别算法。主要分为两类：一类是基于结合时间模型的相似度计算实现时间记录聚类，典型有 early binding 算法[1]、late binding 算法[1]、adjusted binding 算法[1]；另一类是，结合静态和动态两个阶段的实体识别方法，在静态阶段，不考虑记录的时间特性，而是基于传统的相似度计算公式实现记录聚类；在动态阶段，结合时间模型对静态聚类结果进行协调，得到最后的聚类结果。同一聚类中的结果为匹配的同一实体。该类算法典型有 SFDS(Static First，Dynamic Second)算法[5]和 AFDS (Agreement First，Dynamic Second)算法[5]。

（1） early binding 算法

early binding 算法首先将记录按时间戳升序排列，然后对每一个记录 r 与已经存在的聚类 C_1，…，C_n 进行相似度计算，决定是与已有的聚类合并还是为这条记录单独创建一个聚类。early binding 算法的步骤如下：

1）计算记录 r 与每个已存在的聚类 $C_i(i\in[1, n])$的相似度。

2）选择与记录 r 具有最大相似度的聚类 C_i，如果 $\mathrm{sim}(r, C_i)>\theta$（$\theta$ 为设置的阈值），将记录 r 与聚类 C_i 合并，否则为记录 r 创建一个新的聚类 C_{i+1}。

3）更新 r 所在聚类 C_i 的聚类签名(Clustersignature) $S_{C_i}=\{\overline{R}(v), t_e(v), t_l(v)\}$。其中，$\overline{R}(v)$ 为属性值 v 的所有表示形式；$t_e(v)$ 和 $t_l(v)$ 为属性值 v 的最小和最大的时间戳。在合并 r 和 C_i 后，需要对聚类 C_i 的签名进行更新，具体如下：

① 将记录 r 的属性值 v 作为聚类 C_i 的最后一个属性值；

② 对于每一个具有最大时间戳的属性值 v，需要保存：

a. 属性值 v 的所有表示形式 $\overline{R}(v)$。

b. 属性值 v 的最小和最大的时间戳 $t_e(v)$ 和 $t_l(v)$，属性值 v 的最大时间戳是记录 r 的时间戳 $r.t$。属性值 v 的最小时间戳和属性值 v 的所有表示的维护方法具体如下：令 v' 是聚类 C_i 的已有属性值，令 s_{max} 是属性值 v 和属性值集合 $\overline{R}(v')$ 的最大相似度，当 $S_{max}>\theta_h$ 时，则属性值 v 的最小时间戳是 $t_e(v)=t_e(v')$；属性值 v 的集合表示形式是 $\overline{R}(v)=\overline{R}(v')\cup\{v\}$；当 $S_{max}<\theta_l$ 时，则属性值 v 与已有的属性值 v' 不同，则 $t_e(v)=r.t$，$\overline{R}(v)=\{v\}$；当 $\theta_h>S_{max}>\theta_l$ 时，$t_e(v)=\text{sim}(v, v')\cdot t_e(v')+(1-\text{sim}(v, v'))\cdot r.t$，$\overline{R}(v)=\overline{R}(v')\cup\{v\}$。

（2） late binding 算法

与 early binding 算法不同，late binding 算法[1]并不急于将记录与已有的聚类合并，而是保留所有的记录与聚类的相似度，最后依据全局确定记录所属聚类。late binding 算法维持一个双向图(N_R, N_C, E)，其中 N_R 表示记录的集合，N_C 表示聚类的集合，E 表示记录与聚类的边的集合，并标明记录与聚类之间的相似度，如图 6-3 所示，$N_R=\{r1, r2, r3\}$，$N_C=\{C_1, C_2, C_3\}$，$E=\{(\langle r1, C_1\rangle, 1), (\langle r2, C_1\rangle, 0.5), (\langle r2, C_2\rangle, 0.5), (\langle r3, C_1\rangle, 0.33), (\langle r3, C_3\rangle, 0.22), (\langle r3, C_3\rangle, 0.45)\}$。

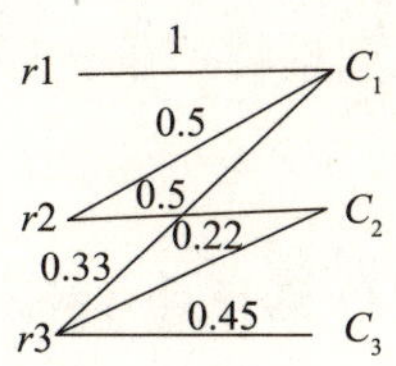

图 6-3　双向图示例

late binding 算法主要包括两个阶段：第一阶段为证据收集阶段，构建双向图；第二阶段为决策阶段，移除不需要的边使得每一条记录只属于一个聚类。

证据收集阶段：在数据预处理阶段，late binding 算法同 early binding 算法相似。对于每一条记录 r 和已存在的聚类 C_1，…，C_n，具体处理步骤如下。

1）计算记录 r 与每个已存在的聚类 C_i $(i\in[1, n])$ 的相似度 $\text{sim}(r, C_i)$。

2）当创建一个新的聚类 C_{n+1} 时，进行如下处理：

① 对于每个 $i \in [1, n]$，若 $\mathrm{sim}(r, C_i) \leqslant \theta$，则记录 r 不属于任何已有的聚类，θ 为相似度阈值。

② 对于 $i \in [1, n]$，若存在一个聚类 C_i，使得 $\mathrm{sim}(r, C_i) > \theta$，且 $\mathrm{sim}_s(r, C_i) > \theta$，其中，$\mathrm{sim}_s(r, C_i)$ 是不考虑衰减的相似度，则记录 r 属于聚类 C_i。

3）规范化双向图的边权值。边权值为一条记录属于一个聚类的概率值，并更新每个聚类的签名。late binding 的聚类签名包括：所属每一聚类的所有记录及其概率值，以及同 early binding 算法需要维护的一个最小时间戳、最大时间戳和相似度值。

决策阶段：主要根据第一阶段收集的证据来决定记录属于哪一个聚类。期望每一条记录都隶属于具有最高相似度的聚类，具体的过程如下。

1）选择具有最高权重的边 (n_r, n_c)。

2）移除其他连接 n_r 的边。

3）如果 n_r 是第一条被选择的连向 n_c 的边，但是聚类 c 是为记录 $r'(r' \neq r)$ 创建的，那么选择边 (n'_r, n_c)，并移除其他所有连接 n'_r 的边。

4）返回步骤 1，直到所有的边都被移除或者选择。

（3） adjusted binding 算法

early binding 和 late binding 算法在进行记录与聚类的相似度计算时，记录只能与已存在的聚类进行相似度比较，而不能和后产生的聚类进行相似度计算。而后产生的聚类很可能能够弥补已有的错误。adjusted binding 算法[1]允许一条记录与后产生的聚类进行相似度计算。

adjusted binding 算法的思想源于 E-M 算法，通过 early binding 或者 late binding 算法得到一个初始的划分，然后迭代地调整聚类；或通过 late binding 算法得到二部图，然后迭代地调整边的概率值。具体的算法流程如下。

1）初始化：通过 early binding 或者 late binding 算法得到一个初始

的划分。

2）Estimation（E-step）：计算每一对记录与聚类的相似度，并如 late binding 算法一样对这些相似度进行标准化。

3）Maximization（M-step）：为每一条记录选择具有最大概率权重的聚类，如 late binding 算法的步骤。

4）终止条件：重复步骤 2 和步骤 3 直到聚类结果不再有变化。

（4）SFDS 算法

基于时间衰减模型的两阶段的实体识别算法 SFDS[5]（Static First，Dynamic Second），具有快速和低复杂度的特性。SFDS 算法主要包括静态和动态两个阶段。在静态阶段，在不考虑记录属性演化的情况下聚类对应相同实体的记录，同时维护聚类签名，包括聚类中具有最小和最大时间戳的记录；在动态阶段，基于静态阶段得到的初始聚类，通过时间衰减模型来捕捉实体演化的情况，即将时间衰减模型用于相似度计算，通过利用静态阶段得到的聚类签名计算聚类间的相似度来减少计算代价。在 SFDS 算法中，将实体演化的情况转化为捕捉实体从一个聚类是否会演化为另一个聚类的情况，SFDS 算法的流程图如图 6-4 所示。

静态阶段：给定一组原始记录作为输入，记录按时间戳升序排列，对这些记录或进行合并或对这些记录单独创建一个聚类。具体执行步骤如下：

1）计算记录 r 与聚类 $C_i(1\leqslant i\leqslant n)$ 的静态相似度 sim_s。

2）令 $C_{\max}\in C$ 是与记录 r 具有最大相似度的聚类，如果 $\mathrm{sim}_s(r, C_{\max})<\theta_s$，则为记录 r 创建一个聚类 C_{n+1}，并令 $C_{\max}=C_{n+1}$。

3）将记录 r 添加到选择的聚类 $C_{\max}$ 中，由于将记录按升序排列，则聚类 $C_{\max}$ 中的记录也是按升序排列的，因此记录 r 是具有最大时间戳的记录。

4）更新聚类 $C_{\max}$ 的聚类签名 $S_{C_{\max}}$，聚类的签名由聚类中具有最小和最大时间戳的记录组成。

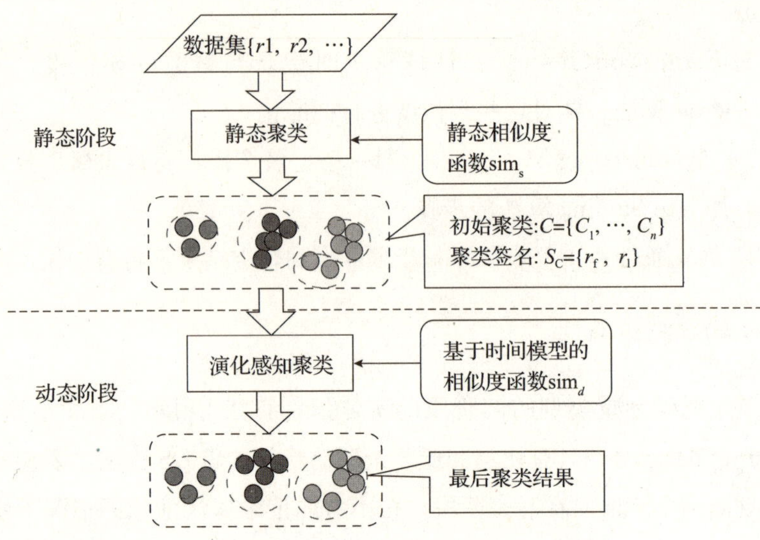

图 6-4　SFDS 算法流程示意

本算法中的聚类签名定义为：令 $C=\{r_1, r_2, \cdots, r_n\}$ 为一个包含 n 个记录的聚类，则聚类的签名 S_C 由具有最小时间戳与具有最大时间戳的记录组成，即 $S_C=\{r_f, r_l\}$，其中

$$r_f = \arg\min_{r\in C} r.t \tag{6.34}$$

$$r_l = \arg\max_{r\in C} r.t \tag{6.35}$$

本算法中静态阶段的相似度计算不考虑时间衰减模型，则一条记录与一个已有的聚类的相似度的计算方式为：

$$\mathrm{sim}_s(r,C) = \frac{\sum_{r'\in S_C} \mathrm{sim}_s(r,r')}{|S_C|} \tag{6.36}$$

其中，记录之间的相似度 $\mathrm{sim}_s(r, r')$ 为记录的各个属性值的相似度的平均值为：

$$\mathrm{sim}_s(r,r') = \frac{\sum_{A\in\mathcal{A}} w_A(r,r')\cdot \mathrm{sim}_A(r,r')}{|\mathcal{A}|} \tag{6.37}$$

动态阶段：将进一步协调静态阶段产生的聚类。给定一个由静态阶段产生的聚类集 $C=\{C_1,\cdots,C_m\}$，一个动态阶段产生的聚类集 $D=\{D_1,\cdots,D_n\}$，动态阶段执行步骤如下（基于时间衰减模型计算每一个聚类 C_j 与已存在的聚类 D_i 的动态相似度 sim_d）：

1）令 $D_{\max}\in D$ 是与聚类 C_j 具有最大相似度的聚类，若 $\text{sim}_d(C_j, D_{\max})$ 小于阈值，则创建一个新的聚类 D_{n+1}，并令 $D_{\max}=D_{n+1}$。

2）将聚类 C_j 与聚类 $D_{\max}$ 进行合并。

3）更新聚类 $D_{\max}$ 的聚类签名 $S_{D\max}$，即合并聚类 $D_{\max}$ 与聚类 C_j 的聚类签名。

更新聚类签名的过程如下：对于给定的两个聚类 C 和 D，对应的聚类签名为 S_C 和 S_D。如果将聚类 C 和 D 合并，则聚类的签名更新为：$S_C=S_C\cup S_D$。令 $S_C=\{s_1, s_2, \cdots, s_m\}$ 为聚类 C 的时间聚类签名集合，s_i 是在静态阶段产生的聚类签名。

例如，若表 6-5 为对应同一实体的记录组成的聚类 C，则该聚类 C 的聚类签名集合如表 6-6 所示。

表 6-5 聚类 C：对应同一实体的记录集

Xin Dong	Univ of Washington	Halevy，Tatarinov	2004
Xin Dong	Univ of Washington	Halevy	2004
Xin Luna Dong	Univ of Washington	Halevy，Yu	2005
Xin Luna Dong	Univ of Washington	Yu	2005

表 6-6 聚类 C 的聚类签名集合

Xin Dong	Univ of Washington	Halevy，Tatarinov	2004
Xin Luna Dong	Univ of Washington	Halevy	2005

在动态阶段，除了要将时间衰减模型应用于相似度计算以外，在计算聚类之间的相似度时，使用聚类的签名进行相似度计算，计算两个聚类签名中的每一对相似度大于阈值的记录的相似度，并取平均值。

$$\mathrm{sim}_d(C,C') = \frac{\sum_{\langle r_1,r_2\rangle \in R_{C,C',\theta_d}} \mathrm{sim}_d(r_1,r_2)}{|R_{C,C',\theta_d}|} \tag{6.38}$$

其中，R_{c,c',θ_d} 为 S_C 和 S_D 的动态相似度高于阈值 θ_d 的记录对集合，具体如下：

$$R_{C,C',\theta_d} = \{\langle r_1,r_2\rangle \mid \exists s_i \in S_C \wedge \exists r_1 \in s_i \wedge \exists s_j \in S_{C'} \wedge \exists r_2 \in s_j \wedge \mathrm{sim}_d(r_1,r_2) \geqslant \theta_d \mid\} \tag{6.39}$$

（5）AFDS 算法

SFDS 算法中，在静态阶段不考虑实体发生演化的情况。不考虑实体内的不一致性是安全的，但是不考虑实体间的一致性可能会将对应不同实体但具有相同属性值的记录聚类在一起，产生致命的错误。AFDS 算法[5]改进了 SFDS 算法，提出在静态阶段考虑实体间的一致性，将实体间一致衰减模型应用于相似度计算，避免了将具有相同属性值但是对应不同实体的记录聚类到相同的聚类当中，弥补了 SFDS 算法的不足。

AFDS 算法中静态阶段的相似度计算思想：考虑了实体间一致性的可能，对属性的静态相似度进行加权。例如，对于给定的记录 r_1 和 r_2，计算 r_1 和 r_2 的静态相似度，当静态相似度大于一定的阈值的时候，则表明两条记录对应相同的实体，或者对应不同的实体且两者具有一定的时间间隔。对于这种情况，对 r_1 和 r_2 的属性相似度进行加权，相似度的计算公式为

$$\mathrm{sim}_s(r_1,r_2) = \frac{\sum_{A\in\mathcal{A}} w_s(A,\mathrm{sim}_A(r_1,r_2),|r_1.t-r_2.t|)\cdot \mathrm{sim}_A(r_1,r_2)}{\sum_{A\in\mathcal{A}} w_s(A,\mathrm{sim}_A(r_1,r_2),|r_1.t-r_2.t|)} \tag{6.40}$$

对应的加权方式为

$$w_s(A,s,\Delta t) = \begin{cases} 1-d^{\neq}(A,\Delta t) & s \geqslant \theta_A \\ 1 & \text{其他} \end{cases} \tag{6.41}$$

2. 基于条件概率模型的实体识别算法

基于条件概率模型的实体识别算法不完全相同于已有的基于聚类的方法。该方法是基于条件概率模型的自适应的实体识别方法[3]。此方法的核心思想是，自适应地对记录流进行匹配分类。通过不断地记录匹配来丰富标签数据集，进而使属性概率更加精准，基于属性概率的相似度计算也更加准确，最终使记录匹配更加精确。

令：R 为已知的实体集合或为空；相似度函数 $\text{sim}_j(.\,,\,.)$（见公式(6.18)～(6.20)），记录匹配阈值 θ_m 以及数组 $A[\Delta t]$，$D[\Delta t]$，V（说明：$A[\Delta t]$是在 Δt 时间内对应相同实体的两条记录在属性 A 上具有相同的属性值的记录对的个数；$D[\Delta t]$是在 Δt 时间内对应相同实体的两条记录在属性 A 上具有不同的属性值的记录对的个数；V 是属性 A 取值集合）。

给定记录 q，算法的具体执行步骤如下：

1）从 R 中过滤出满足 q 的条件的候选记录集 C，令 $r\in C$；（说明：r 是满足可匹配条件的记录候选集）。

2）针对 C 中每一记录 r，$\Delta t=|q.t-r.t|$，计算 r 与 q 的匹配相似度 $\text{sim}(q, r)$，得到与 q 最匹配且相似度大于 θ_m 的候选记录 r_{best}，即 q 与 r_{best}是匹配记录。否则，为 R 中无匹配的记录，为 q 分配新的标识。

3）将 q 插入 R，同时维护相应的指针 $A[\Delta t]$、$D[\Delta t]$和 V，以及所有属性的相关概率。

当后续记录到来时，应用新的 R 和调整后的属性概率值，可提升后续匹配的准确性。

3. 基于属性值转换模型的实体识别算法

基于属性值转换模型的实体识别算法[4]采用两阶段递归实现。阶段 1 得到聚类集合，并且上一轮的处理结果可以直接应用到下一轮的处理过程中，具有更高的准确性。两个阶段的聚类算法如下。

阶段 1：将输入记录重组为聚类集合。输入给定时间记录集，输出聚类集合 C，对于每一个聚类 $c \in C$，用聚类标签 Sc 描述一定时间段内的聚类中的实体概要 Φ_e，包括聚类的时间间隔 $(t_{\min}; t_{\max}]$ 和属性值 $\langle A, V, \beta \rangle$，其中，$t_{\min}$ 和 $t_{\max}$ 为聚类中记录的最小和最大时间戳，β 为属性 A 的取值集合 V 的可信度。为捕获属性值转换的准确性，采用最小粒度间隔，对于冲突值，采用多数投票决定。通常，聚类 c 中的记录 r 满足 $r.t \geqslant c.t_{\min}$。

阶段 2：递归匹配聚类与实体概要，应用最好的匹配聚类来增补实体的概要。输入实体 e 概要 Φ_e 和聚类集合 $C(c \in C)$，输出一个聚类 c，使聚类 c 和 Φ_e 的匹配得分(match(Φ_e，c))最高。令 c 为与 Φ_e 具有最高匹配得分且匹配得分大于阈值 λ，则修改概要 Φ_e，即插入 $\langle c.t_{\min}, c.t_{\max}, V_c^A \rangle$ 到 $\Phi_e[A]$ 中。重复上述过程，找到下一个最高的匹配得分的聚类，修改概要，直到集合 C 为空或已没有匹配得分高于 λ 的聚类。

实体概要 Φ_e 与聚类 c 的匹配概要 match(Φ_e，c)描述如下：

$$\mathrm{match}(\Phi_e, c) = \frac{1}{|\mathcal{A}|} \sum_{A \in \mathcal{A}} \mathrm{transitP}(\Phi_e[A], c, A) \tag{6.42}$$

6.3 基于众包的实体识别技术

众包[6,7]是一种公开面向互联网大众的分布式的问题解决机制，它通过整合计算机和互联网上未知的大众来完成计算机单独难以完成的任务。众包的优势在于人可以利用领域知识来进行相关的判断，能够有效地改善实体识别的准确性。根据大众参与的模式，众包分为协作式众包和竞赛式众包[1]。协作式众包模式指由大众协作完成任务，如维基百科(Wikipedia)开放编辑平台。而竞赛式众包模式是指由个人独立完成任务，并支付给任务完成人一定报酬，典型有 Amazon Mechanical Turk (AMT)和 Crowdflower 等。应用众包平台，核心包括如下关键问题：①如何设计问题形式，即如何将“人类智能任务”(Human Intelligence

Task，HIT)提供给大众来处理；②如何选择性地产生 HIT，目标是最小代价地获得最大收益；③如何高质量地整合众包结果。

基于众包的实体识别[8,9]是指结合竞赛式众包平台处理实体识别问题。或者说，是人-机混合的实体识别方法。基于众包的实体识别处理过程典型包括三个步骤：首先，基于机器面向所有数据进行预处理，将待验证的匹配对提交到众包平台上；之后，基于众包平台由人验证最可能的匹配对；最后，通过分析平台返回的验证结果，确定最后的匹配结果。

基于众包解决实体识别的关键研究点在于如何确定最小数量的待验证的匹配对，目标是最小代价地获得最佳收益。

已有基于算法的实体识别方法虽然已有效地改进了数据的质量，但距离数据完好性还存在一定差距。一方面，由于数据的语义异构、数据演化等特性，导致基于机器的方法很难准确匹配。例如，无法区分“苹果和谷歌”与“苹果和香蕉”是不同的两种关系；“iPad Two 16GB WiFi White”和“iPad 2nd generation 16GB WiFi White”虽然是同一个实体，但基于 Jaccard 相似度计算公式得到的相似度仅为 0.57，不能确定是同一个产品。另一方面，结合传递匹配或递归匹配的实体识别方法可能会带来错误放大问题。例如，如果 a 和 b 为同一实体，b 和 c 是同一实体，那么根据传递性，a 和 c 显然也是同一个实体。然而，若 a 和 b 为同一实体识别有误，将导致后续传递的实体识别错误。已有文献[10]通过大量实验验证了当前实体识别技术在一些领域中存在的局限性。例如，在电子商务领域中，无论是基于相似度计算的实体识别方法还是基于学习的方法，F-Measure 都只达到了约 70%。可见，若能在识别过程中保证识别的准确性，将有助于改进数据的全局质量。

为此，提出了基于众包的实体识别方法。此识别方法的思想是：通过结合人的智慧，提高实体识别的准确率。

6.3.1 一个实例

当前基本的基于机器的实体识别技术，如基于相似度计算的方法或基于机器学习的方法，都具有准确率不高的局限性。例如，表 6-7 所示为电子产品样例，若基于 Jaccard 相似度算法计算产品相似度，将得到 9×8/2＝36对相似度值。假定：相似度大于 0.7 的记录对一定是相似对，对应同一实体；而小于 0.3 的记录对一定不对应同一实体；相似度介于 0.3～0.7 的记录对无法确定(见表 6-8)。这样会导致准确性很低。为提高实体识别准确性，可以将无法确定是否是同一实体的记录对(即相似度在 0.3～0.8 的记录对)供人工识别。也就是将相似度介于 0.3～0.8 的记录对提交给大众，通过大众识别进一步确定(*r*1，*r*2)、(*r*1，*r*7)、(*r*3，*r*4)、(*r*2，*r*7)也是表述同一实体。可见，结合机器与人工进行实体识别可有效改善实体识别的准确性。

表 6-7 电子产品示例[10]

ID	Product Name	Price
*r*1	iPad 2nd generation 16GB WiFi White	$ 490
*r*2	iPad 16GB WiFi White	$ 469
*r*3	iPhone 4th generation White 16GB	$ 545
*r*4	Apple iPhone 4 16GB White	$ 520
*r*5	Apple iPhone3rd generation Block 16GB	$ 375
*r*6	iPhone 4 32GB White	$ 599
*r*7	AppleiPad2 16GB WiFi White	$ 499
*r*8	AppleiPod shuffle 2GB Blue	$ 49
*r*9	AppleiPod shuffle USB Cable	$ 19

表 6-8 基于 Jaccard 相似度算法计算的产品相似度片段

sim (*r*1，*r*2)	sim (*r*4，*r*6)	sim (*r*1，*r*7)	sim (*r*3，*r*4)	sim (*r*4，*r*7)	sim (*r*8，*r*9)	sim (*r*2，*r*3)	sim (*r*2，*r*7)	sim (*r*3，*r*5)	sim (*r*4，*r*5)	sim (.，.)
0.75	0.50	0.43	0.43	0.43	0.43	0.38	0.38	0.38	0.38	<0.3

6.3.2 基于众包的实体识别框架

基于众包的实体识别通常分为两类。一类是将众包结合到实体识别过程的某一步骤中，用于解决机器难以解决的问题。例如，只将众包用于验证阶段，通常是先通过启发式算法减少候选匹配对个数，之后再基于众包验证匹配的候选对。再如，在实体聚类中基于众包提升实体相似度计算的准确性，来提高聚类的精确性。另一类是将众包结合到实体识别的多步实现过程中，如基于模型的实体识别过程中，基于众包选择实体分块规则、在学习模型过程中基于众包标注样例等。

1. 基于众包的基本实体识别框架

基于众包的实体识别的基本处理过程如图 6-5 所示，具体说明如下：

1）首先匹配分析（如相似度计算）原始实体集，得到确定的同一实体以及候选实体对，确定的同一实体为部分识别结果。

2）候选实体对依据生成策略确定众包任务 HIT，并提交给众包平台。

3）众包结果数据通过验证分析后，得到被验证结果。

4）验证结果再经过匹配分析，得到确定的同一实体和候选实体对。

5）识别结束，得到识别结果集或进入下一轮众包过程。

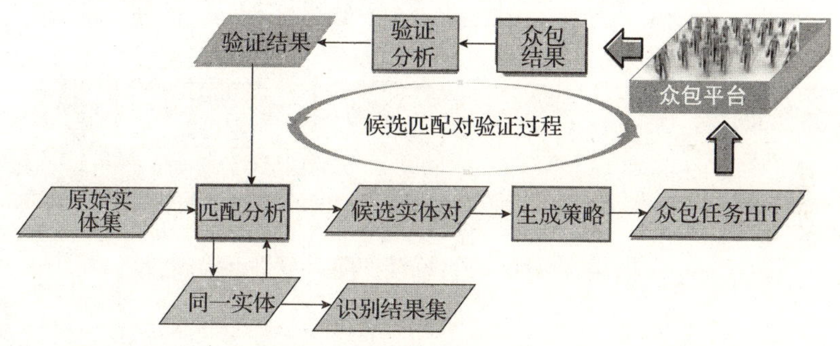

图 6-5 基于众包验证候选匹配对的基本的实体识别框架

2. 结合多众包处理步骤的实体识别框架

在实体识别过程中，存在许多机器难以确定的问题，例如，面对大数据实体识别过程中，为提高实体识别效率，先对待识别实体集进行分块，之后分块并行处理，如何选择分块规则、如何定义匹配器（如采用机器学习方法训练匹配模型），以及基于匹配器获得的候选匹配对的验证问题等。对于实体识别过程中难以采用机器决定或判别的场景，均可以应用众包机制提高实体识别的准确性。图 6-6 为融合多阶段（分块阶段、匹配阶段和验证阶段）众包的实体识别框架结构，分别在分块阶段、匹配阶段和验证阶段应用众包策略，改善实体识别的精准性。例如，在融合多步众包的实体识别[11]中，通过抽样对比的方式，从机器学习库中选择最佳的机器学习。其中，使用众包来生成训练集、事实集，用于训练匹配器；基于众包选择 Top-k 分类规则；基于投票减少人工误差等。通过利用众包的优势来减少对专业开发者的依赖。在自适应的众包实体识别[12,13]中，迭代实体识别过程的每一次迭代都应用众包验证候选匹配对，返回的众包结果通过概率计算模型确定候选匹配对，同时基于决策生成下一次迭代的候选匹配对，进入下一次迭代过程。同时，依据人们的决策结果和精华用户的能力，作为下次众包中任务分配的依据。通过在迭代过程中自适用众包过程，能够进一步提高众包实体识别的有效性。

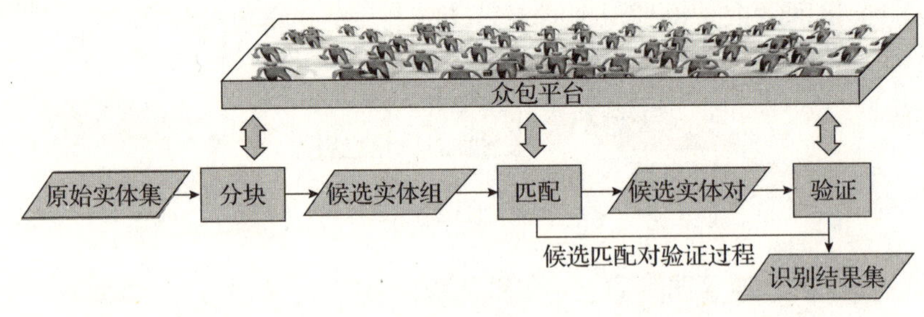

图 6-6 融合多阶段众包的实体识别框架

6.3.3 基于众包的实体识别的核心问题

基于众包的实体识别典型分为两类方法。一类是仅用于识别过程中的匹配验证，即由 HIT 生成、用户基于众包平台验证以及基于返回结果确定匹配对的实现过程。也可将众包融入实体识别的聚类过程或实体识别的迭代过程中，如在基于众包的聚类过程中，将众包融入聚类过程的实体相似度计算中，依据实体相似度决定实体是否属于同一个聚类，能够有效改善实体间的相似度计算精度，提高聚类的准确性。在该类结合众包的实体识别过程中，都包括候选匹配对选择、众包策略选择和匹配结果确定三个基本的步骤。另一类，是在实体识别流程的多个步骤中融合了众包实现，如图 6-6 所示。

1. 候选匹配对选择

基于众包的实体识别首先需要生成候选匹配对，和其他的基本一致。然而，尽管利用众包的实体识别准确率较高，但时间和金钱代价也都较高。因此通常需要对生成候选匹配对有一个初步筛选的过程。候选匹配对选择有以下几种方法。

1）**基于谓词过滤的方法**：此方法是最简单的选择匹配对方法，通过定义简单的谓词规则来选择可能表示同一实体的候选匹配对。例如，对人的信息记录匹配对进行筛选时，可以把人的性别标签作为谓词筛选项。或仅选择电子产品中的笔记本电脑产品进行一致验证。

2）**基于相似度阈值的方法**：此方法是基于匹配模型计算出任意一对匹配对的相似度，选择相似度高于阈值的匹配对为候选匹配对。例如，实体对相似度大于 0.7 为候选匹配对。

3）**基于分类模型的方法**：基于分类学习模型对待匹配实体数据集进行分类，每一分类为一组候选匹配集。该方法通过缩减验证范围来减少验证代价。例如，将笔记本电脑产品按品牌、型号进行分组，之后将匹配验证限制在各个产品组内。

2. 众包策略选择

在选择候选匹配对之后，我们需要将这些候选匹配对发布成任务提交给众包平台。发布并提交众包任务是众包中的核心问题，期望发布的任务要能够准确、及时地被众包平台上的大众处理，同时尽可能地减少费用。在众包策略选择中通常需要综合考虑以下两个因素。

1）**众包任务生成**：由于众包平台特殊的处理模式，在提交完任务之后，需要等待较长的时间。一方面，参与众包的大众希望选择一个粒度较为合适的人工任务，从而提高他们的工作效率，并获得好的收益。另一方面，众包用户希望众包任务尽量简单化，有助于保证众包质量和效率；在一个人工任务中包含尽可能多的匹配对，提高众包算法的效率，同时降低众包代价。因而，如何生成批处理的人工任务，并平衡花费、质量和时间是众包中需要考虑的一个重要问题。下面是典型的几种众包任务生成策略[14]。

基于成对的批处理方法：将候选匹配对简单地按照人工任务的最大量划分，即每个人工任务中都由候选匹配对组成。例如，在一个 HIT 上需要用户判断 1 和 2、5 和 7 是否为同一实体。

基于簇的批处理方法：给出一簇实体识别记录，要求大众判断哪几个代表同一实体。例如，在 HIT 上需要用户判断 1、2、5、7 哪几个是同一类。分簇工作已被证明是 k-子图的简化问题，是 NP 难的，可以采用优化方法来解决。实验证明，分簇的方法比成对的方法更适合众包。

2）**众包判断的顺序**：不同的众包判断顺序影响着实体识别的时间、质量和费用。为此，在进行众包过程中，还需要考虑众包判断的顺序问题。文献[15]采用了全局分析来解决问题。就是希望在生成人工任务的时候，先选择能够最大化准确率的记录对问题，并且提出了以下两种解决方案。

基于穷举的顺序选择方法：采用蛮力评价所有的顺序，最后选择最佳的顺序。每次计算都独立于之前的计算过程，计算代价高。

基于优化的顺序选择方法：采用启发式方法或优化策略确定候选实体对以及实体对的识别顺序。例如，文献[15]首先应用剪枝法去除无需判断的实体对，即忽略相似度大或者相似度较小的记录对，之后应用蒙特卡洛估计实体识别的准确率。每次计算的结果都可以用于下次迭代的计算过程，不需要重复的计算过程，以此来减少众包代价。

3. 匹配结果确定

前面的方法虽然考虑了约减过程，但是都是在生成任务阶段，对于返回的人工处理结果，还希望能够有相应的处理过程。典型有基于投票的方法、结合传递性的方法、黄金标准数据法、期望最大化的评估方法等。

1）**基于投票的方法**：多数投票法[7-11]是将一个任务分配给多个工作者独立回答，然后将答案通过投票方式进行整合，将大多数的意见作为最终的正确结果。多数投票法假定每个工作者的准确率一致。

2）**黄金标准数据法**[16,17]：通过设计一些具有标准答案的问题作为测试题目，在任务开始前或者在任务进行过程中由工作者回答，根据答题结果来识别欺诈者，同时对工作者的准确率进行评估，进而依据贝叶斯模型或概率模型获得任务的最终结果。例如，文献[18]利用贝叶斯理论将人工的答题准确率和人工给出的答案结合起来得到最终的结果。文献[12]提出了一种基于因子图的概率模型，通过综合人工答案、人工的答题准确率等因素得到结果。黄金标准数据法假定了工人的答题准确率是固定的。

3）**期望最大化的评估方法（EM）**[12,19]：通过对任务结果和工作者的准确率不断进行迭代估计，直至收敛得到任务结果。EM 算法能够实现对任务结果的精确评估，但是当任务或工作者较多的时候，算法运行效率较低。

4）**结合传递性的处理方法**

通过实体匹配的传递关系来减少所需人工任务的数量。例如，如果 a 和 b 为同一实体，b 和 c 也是同一实体，那么 a 和 c 显然也是。如果 a 和 b 为同一实体，b 和 c 不是同一实体，显然 a 和 c 不是同一实体。通常，在生成 HIT 任务顺序时，优先选择高匹配概率的识别对，在匹配结果确定过程中考虑传递关系，以此来提高实体识别效率。

6.3.4　基于众包的实体识别方法的特点

1. 高准确率

同其他实体识别方法相比，基于众包的实体识别方法的识别准确率更高。尤其是对于一些特殊数据，基于众包的实体识别可以充分利用人的推理和联想能力。例如，人可以通过对两条记录分析，提取出隐藏的信息，进一步给出更准确的判断。这是目前的机器学习算法所达不到的。

2. 高代价

基于众包的实体识别方法具有高准确率，但同时也需要花费一定的时间和金钱。因为，任务发布到平台之后，需要等待人工去处理，并且按照人工处理的任务数量去计费。可见，在基于众包的实体识别方法中，众包算法的时间代价和金钱代价至关重要，期望用最小花费从众包结果中获取最多的有用信息，如生成最简单的任务、需要最少的人力，减少对人工的依赖等。

3. 适应性好

众包作为一种利用人工判断的算法，可以运用到实体识别的整个流程中，例如利用众包来参与机器学习算法的选择过程和训练等。通过众包可以减少对设计实体识别过程的专业人员的依赖，也能进一步提高算法对不同领域数据的适应性。

6.4 隐私保护下的实体识别技术

随着科技的不断进步，数据正快速地增长和累积。减少数据冗余，实现数据共享已成为大数据时代的首要任务。实体识别在金融、医疗、政府等领域具有广泛的应用前景。但是，当记录信息涉及个人隐私或敏感信息时，我们必须要考虑记录信息的隐私保护问题。因此，近年来国内外掀起了研究隐私保护下的实体识别（Privacy-Preserving Record Linkage，PPRL）的热潮。PPRL 技术[20]可以保证在实体识别的过程中，只有最终匹配结果被各数据源间共享，其他未匹配的记录信息均未被泄露。例如，前文提到的病人的诊断信息查找案例，PPRL 技术可以既找出某位患者在各医院的医疗信息，又保证各医院其他患者的医疗信息不被泄露。因此，PPRL 技术不仅具有理论研究价值，而且有着重要和迫切的实际应用价值。

PPRL 的定义[21]：假设 O_1，O_2，…，O_P（$P\geqslant 2$）分别拥有数据集 D_1，D_2，…，D_p，在找出 D_1，D_2，…，D_p 中的公共实体的同时，其他未匹配的记录信息均未被泄露。

假设有两个数据集 D_A 和 D_B，下面说明在隐私保护下找出 D_A 和 D_B 中公共实体的过程，如图 6-7 所示。

步骤 1：首先两个参与方统一待比较的属性集，然后应用隐私分块(Private blocking)技术在安全的环境下对 D_A 和 D_B 进行分块处理，以此减少候选匹配对(Candidate pair)的数量，提高可扩展性。

步骤 2：接下来应用隐私保护下的记录间对比技术(Private comparison)比对候选记录对，并应用隐私保护下的分类技术(Private classification)得到匹配结果集。最后，应用隐私保护下的评估技术(Private evaluation)对匹配结果进行评估。

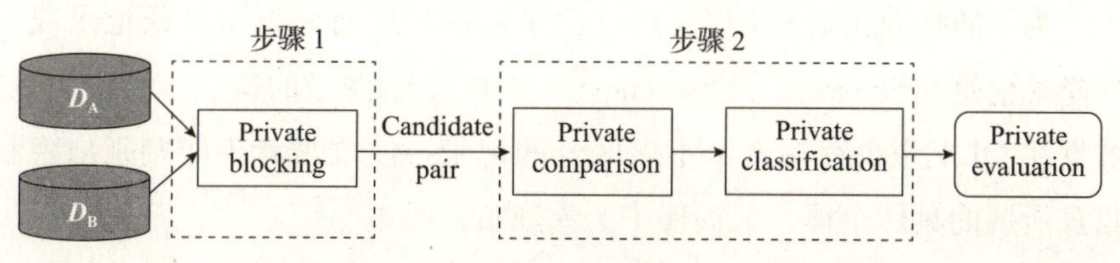

图 6-7 PPRL 处理过程示意

下面分别介绍实体识别中用到的隐私保护技术以及对 PPRL 的评估。

6.4.1 实体匹配中隐私保护的分类

PPRL 中的隐私保护技术主要考虑以下两个方面：如何保证数据应用过程中不泄露隐私；如何更有利于数据的应用。当前，隐私保护领域的研究工作主要集中于如何设计隐私保护原则和算法，更好地达到这两方面的平衡。我们把典型的实体匹配隐私保护技术分为三个类别[22]，分别是数据扰乱技术、数据重构技术和数据加密技术。

1. 数据扰乱技术

数据扰乱技术主要有两大方法，一种是 k -匿名，另一种是差分隐私保护。它们都是通过对原始数据添加噪声来实现隐私保护的。

（1）k -匿名

在给出 k -匿名的定义前，先介绍记录中属性的分类[4]：

1）标识符：能够唯一标识某条记录的属性，如身份证号等。

2）准标识符(Quasi Identifier，QI)：具有潜在标识某条记录能力的属性。

3）敏感属性：包含隐私信息的属性，如疾病、工资等。

4）非敏感属性：不属于以上三种属性的属性。

为了防止攻击者利用 QI 进行记录链接，进而标识出某条记录或获取隐私信息，Samarati 和 Sweeney[23]提出了 k -匿名的概念。其思想是：数据在 QI 上至少存在 k 个不可区分的记录，使攻击者不能判别出隐私信息所属的具体个体，从而保护个人隐私。

k -匿名通过参数 k 指定用户可承受的最大信息泄露风险，即每条记录被泄露的风险为 $1/k$。如表 6-9 所示，病患信息为{教师，女，28}，所患疾病被泄露的风险为 1/3，因此攻击者无法确认其所患疾病，保护了患者的隐私。

表 6-9　匿名的病患表

工作	性别	年龄	疾病	工作	性别	年龄	疾病
教师	女	25—30	流感	警察	男	30—35	肺结核
教师	女	25—30	肺结核	警察	男	30—35	流感
教师	女	25—30	癌症	警察	男	30—35	癌症

（2）差分隐私

差分隐私保护[24]可以保证在数据集中添加或删除一条数据，不会影响到查询输出结果，因此即使在最坏情况下，攻击者已知除一条记录之外的所有敏感数据，仍可以保证这一条记录的敏感信息不会被泄露。

定理 6.1 对于所有差别至多为一个记录的两个数据集 D_1 和 D_2，Range(K)表示一个随机函数 K 的取值范围，Pr[E_K]表示事件 E_K 的披露风险，若随机函数 K 提供 ε-差分隐私保护，则对于所有 $S \in \text{Range}(K)$，有 $\Pr[K(D_1) \in S] \leqslant \exp(\varepsilon) \cdot \Pr[K(D_2) \in S]$。

可见，计算出的披露风险取决于随机化函数 K 的值。

下面具体举例（见表 6-10）说明差分隐私是如何保护数据隐私的。假如攻击者想获取王 XX 的工资，并且已知王 XX 的雇员 ID 为 1410382，但攻击者只能获得一些统计信息，无法直接得到个人信息。因此，攻击者可以对工资一列进行求和运算，然后删除雇员 ID 为 1410382 的记录，再次求和，两者之差即为王 XX 的工资。差分隐私保护技术通过添加少量噪声，既可保证既给出用户需要的信息，又不泄露个体的隐私数据。

表 6-10 雇员工资单

雇员 ID	姓名	工资	雇员 ID	姓名	工资
1410380	韩 XX	9 000	1410383	陈 XX	10 000
1410381	李 XX	12 000	1410384	孙 XX	12 000
1410382	王 XX	15 000			

差分隐私保护方法的最大优点是，虽然基于数据失真技术，但所加入的噪声量与数据集大小无关，因此对于大型数据集，仅通过添加极少量的噪声就能达到高级别的隐私保护。

2. 数据重构技术

数据重构是指将记录信息转换为其他数值形式，保留某些统计学特征而不保留真实数值。通常将原始数据记录通过适当的策略映射到某一度量空间内。目前应用比较广泛的方法是 Bloom Filter。

Bloom Filter[25]是一种空间效率很高的随机数据结构，它可以将属性值集合转换为位数组。初始状态时，Bloom Filter 是一个包含 m 位的位数组，每一位都置为 0。为了表达 $S=\{x_1, x_2, \cdots, x_n\}$ 这样一个 n 个元素的集合，Bloom Filter 使用 k 个相互独立的散列函数(hash function)，它们分别将集合中的每个元素映射到 $\{1, \cdots, m\}$ 的范围中。对任意一个元素 x，第 i 个散列函数映射的位置 $h_i(x)$ 就会被置为 1($1\leqslant i\leqslant k$)。

通过 Bloom Filter 得到的位数组在一定程度上代表了转换前的记录并保护了记录的隐私，但转换后的位数组并不是绝对安全的，其无法抵御基于频率的密码学分析。2013 年 Elizabeth A. Durham 提出了一种利用 Bloom Filter 进行 PPRL 的可以抵御基于频率的密码学分析的方法[26]。

3. 数据加密技术

数据加密技术[27]常用的一种方法是安全多方计算(Secure Multiparty Computation，SMC)。它是密码学中的一种，它指一组互不信任的参与者在不泄露各自隐私信息的前提下进行的多方合作计算。

下面通过举例来阐述安全多方计算的基本思想(见图 6-8)。假如有三个参与方 A、B、C，要对其中的数据进行安全合计，首先将扰乱数据 R 传入 A，并与 A 中的数据进行加和运算，然后将结果传入 B，继续进行加和运算后传入 C，参与方 C 无法得知 A、B 中的数据，继续进行加和运算后传回参与方 A，减去扰乱数据 R，即得到三者之和，该过程中任意一方均不知道其他参与方的数据。

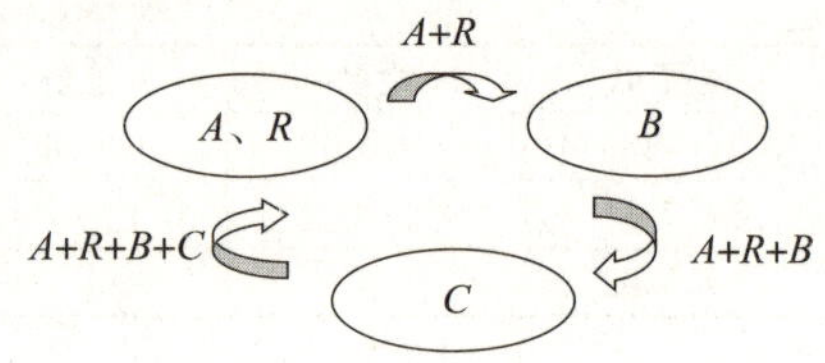

图 6-8 安全多方计算示意

6.4.2 实体识别隐私保护算法的评估

实体识别隐私保护算法的评估可以从两方面进行。一方面是对隐私保护程度进行评估[28]，另一方面是对实体识别的结果进行评估。以上两个方面存在制约关系，即隐私保护程度越高，数据被隐藏的越多，实体识别结果质量就越低。因此，如何把握好两者之间的平衡是实体识别隐私保护算法研究的关键。

1. 隐私保护程度评估

我们假设经过隐私保护技术处理的数据集称为 Masked Database（D^M），全局数据集称为 G，D^M 可能与 G 中具有相同属性值的记录匹配成功，进而导致信息泄露。从该角度出发，给出了泄露风险（DR）的定义（见图 6-9）。DR 是介于 0.0 和 1.0 之间的数字，0.0 代表绝对安全（absolute privacy），不存在信息泄露；0.25 代表低可信级别（suspicion with low confidence level）；0.5 代表中等可信级别（suspicion with moderate confidence level）；0.75 代表高可信级别（suspicion with high confidence level）；1.0 代表完全暴露（provably exposed），所有信息均被泄露。

0.0	0.25	0.5	0.75	1.0
绝对安全	低可信级别	中等可信级别	高可信级别	完全暴露

图 6-9 泄露风险级别

泄露风险（DR）：假设 a^M 是数据集 D^M 中的一个属性，n_g 是 D^M 与 G 中具有相同属性值的 a^M 属性值的个数，那么 a^M 被泄露的可能性是 $1/n_g$，归一化后：

$$P_s(a^M) = \frac{1/n_g - 1/N}{1 - 1/N} \tag{6.43}$$

DR 通常分为最大泄露风险、营销泄露风险和平均泄露风险三种。

最大泄露风险：指 D^M 的所有属性中泄露风险值最高的。最大泄露风险有助于限定泄露风险值来保证数据的隐私，见公式（6.44）。

$$\mathrm{DR}_{\mathrm{Max}} = \max_{a^M \in D^M} (P_s(a^M)) \tag{6.44}$$

营销泄露风险：指泄露风险为 1 的属性所占的比例，见公式(6.45)。营销泄露风险对于统计被完全泄露的属性具有重要意义。

$$\mathrm{DR}_{\mathrm{Mark}} = |\{a^M \in D^M : P_s(a^M) = 1.0\}|/n \tag{6.45}$$

平均泄露风险：指被用来评估泄露概率的平均值，见公式(6.46)。

$$\mathrm{DR}_{\mathrm{Mean}} = \frac{1}{n}\sum_{a^M \in D^M} P_s(a^M) \tag{6.46}$$

2. 实体识别结果评估

同非隐私保护下的实体识别结果评估一致，通常从查准率(Precision)、查全率(Recall)、F 测度(F-Measure)三方面进行评估，详情参见 7.1 节。

6.5 本章小结

本章介绍了新型的实体识别技术，主要包括基于时间模型的实体识别、基于众包的实体识别和隐私保护下的实体识别。基于时间模型的实体识别技术主要是捕获演化属性的变化情况，核心研究时间模型以及相应的聚类算法，目标是提高具有演化特性的实体的识别准确性。基于众包的实体识别是结合人的智慧提高实体识别的准确性，并追求利益/代价的最大化。隐私保护下的实体识别是在实体识别过程中保护个人隐私或敏感信息不被泄露。本部分内容是近年来备受关注的热点问题，有待于进行深入研究。

参考文献

[1] Pei Li, Xin Luna Dong. Linking Temporal Records [C]. PVLDB, 2011, 4

(11)：956-967.

[2] Y H Chiang, A Doan, J F Naughton. Modeling entity evolution for temporal record matching [C]. In SIGMOD, 2014.

[3] Peter Christen, Ross W Gayler. Adaptive Temporal Entity Resolution [C]. PAKDD, 2013.

[4] Furong Li, Mong Li Lee, Wynne Hsu, et al. Linking Temporal Records for Profiling Entities [C]. SIGMOD, 2015：593-606.

[5] Y H Chiang, A Doan, J F Naughton. Tracking entities in the dynamic world：A fast algorithm for matching temporal records [C]. PVLDB, 2014：469-480.

[6] 冯剑红，李国良，冯建华．众包技术研究综述 [J]. 计算机学报，2015，38(9)：1713-1726.

[7] Jongwuk Lee, Hyunsouk Cho, Jin-Woo Park. Hybrid entity clustering using crowds and data[J]. The VLDB Journal, 2013, 22：711-726.

[8] Sibo Wang, Xiaokui Xiao, Chun-Hee Lee. Crowd-Based deduplication：an adaptive approach [C]. SIGMOD 2015：1263-1277.

[9] Xiao Chen. Crowdsourcing entity resolution：a short overview and open lssues [C]. 27th GI-Workshop on Foundations of Databases (Grundlagen von Datenbanken), 2015.

[10] Hanna Köpcke, Andreas Thor, Erhard Rahm. Evaluation of entity resolution approaches on real-world match problems [C]. PVLDB, 2010, 3(1)：484-493.

[11] Chaitanya Gokhale, Sanjib Das, AnHai Doan. Corleone：hands-off crowdsourcing for entity matching [C]. SIGMOD, 2014.

[12] Gianluca Demartini, Djellel Eddine Difallah, Philippe Cudré-Mauroux. ZenCrowd：leveraging probabilistic reasoning and crowdsourcing techniques for large-scale entity linking [C]. WWW, 2012.

[13] Gianluca Demartini, Djellel Eddine Difallah. Large-scale linked data integration using probabilistic reasoning and crowdsourcing [C]. The VLDB Journal, 2013, 22：665-687.

[14] Jiannan Wang, Tim Kraska, Michael J. Franklin, Jianhua Feng. CrowdER：crowdsourcing entity resolution [C]. PVLDB, 2012, 5(11)：1483-1494.

[15] Steven Euijong Whang, Peter Lofgren, Hector Garcia-Molina. Question selection for crowd entity resolution [C]. PVLDB, 2013, 6(6)：349-360.

[16] James Kobielus. The ground truth in agile machine learning[EB/OL]. http://www. ibmbigdatahub. com/blog/ground-truth-agile-machine-learning, 2014.

[17] Yan Y, Rosales R, Fung G, et al. Active learning from crowds [C]. Proceedings of the 28th International Conference on Machine Learning. Bel-levue, USA, 2011: 1161-1168.

[18] Liu X, Lu M, Ooi B, et al. CDAS: A crowdsourcing data analytics system [C]. Proceedingsof the VLDB Endowment, 2012, 5(10): 1040-1051.

[19] Ipeirotis P U, Provost F, Wang J. Quality manag-ement on amazon mechanical turk [C]. Proceedings of the ACM SIGKDD Workshop on Human Co-mputation. Washington, USA, 2010: 64-67.

[20] V S Verykios, A Karakasidis, V Mitrogiannis. Privacy preserving record linkage approaches [J]. International Journal of Data Mining, Modelling and Management, 2009, 1(2): 206-221.

[21] D Vatsalan, P Christen, V S Verykios. A taxonomy of privacy-preserving record linkage techniques [J]. Inf. Systems, 2013, 38(6): 946-969.

[22] Mehmet Kuzu, Murat Kantarcioglu. Efficient Privacy-Aware Record Integration [C]. EDBT/ICDT, 2013.

[23] L Sweeney. K-anonymity: a model for protecting privacy [J]. Int'l Journal on Uncertainty, Fuzziness, and Knowledge-Based Systems, 2002, 10(5): 557-570.

[24] A Inan, M Kantarcioglu, et al. Private record matching using differential privacy [C]. In: EDBT, Lausanne, Switzerland 2010: 123-134.

[25] R Schnell, T Bachteler, J Reiher. Privacy preserving record linkage using Bloom filters [J]. BMC Medical Inform Decis Mak. 2009, 9(1): 41, 2009.

[26] E A Durham, C Toth, M Kuzu, et al. Composite bloom filters for secure record linkage [Z]. TKDE, 99(PrePrints), 2013.

[27] Pawel Jurczyk, Li Xiong. Towards privacy-preserving integration of distributed heterogeneous data [C]. PIKM, 2008.

[28] D Vatsalan, P Christen, et al. An evaluation framework for Privacy-Preserving record linkage [J]. JPC, 2014, 6(1): 35-75.

‖ 第7章

实体识别评估

识别评估是非常重要的，同时也是非常困难的。困难是因为数据集真实的识别结果难以获得，比如由于隐私或者商业问题不能公开数据。本章将依次介绍实体识别结果的精确性(包括准确率、召回率及 F 测度)、分块技术评估和常用数据集。

7.1 基于记录对的精确性评价——准确率、召回率和 F 测度

通过实体识别方法得到的识别结果中可能存在两类错误：① 假真(False Positive)，被识别为匹配的记录对实际上是不匹配的；② 假伪(False Negative)，被识别为不匹配的记录对实际上是匹配的。

还存在另外两种情况：①真真(True Positive)，实际上匹配的记录对被识别为匹配；②真伪(True Negative)，实际上不匹配的记录对被识别为不匹配。在实践中，真伪的记录对通常占最大比例。图 7-1 描述了上述四种情况。在所有候选记录对中，一些记录对是匹配的(记作集合 A)，一些记录对被识别为匹配的(记作集合 A')。实体识别方法的目的

是使集合 A 和 A' 的交集最大化。

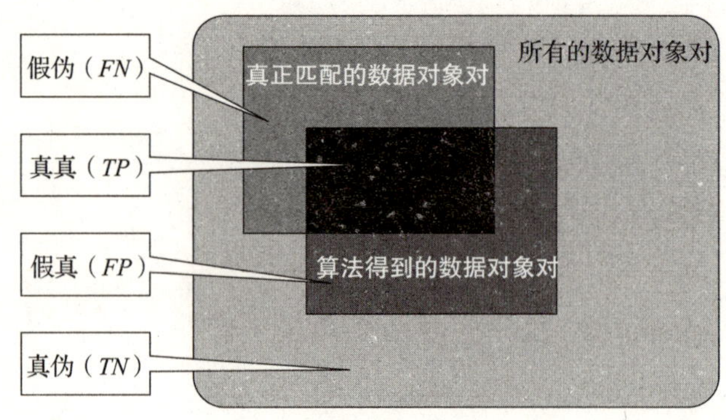

图 7-1 实体识别中的错误种类

根据上述的四种情况，将所有候选记录对组成的集合划分成四个子集合：真真集合 TP、真假集合 TF、假真集合 FP 和假伪集合 FN。准确率和召回率是信息检索中用于衡量查询结果好坏的指标，这两个指标可以用来评价实体识别的结果。准确率可以表示实体识别的正确性，召回率可以表示实体识别的完整性。接下来利用上面四个子集来定义准确率(precision)和召回率(recall)。

$$\text{precision}=\frac{|TP|}{|TP|+|FP|} \tag{7.1}$$

$$\text{recall}=\frac{|TP|}{|TP|+|FN|} \tag{7.2}$$

准确率衡量用来被识别为匹配的记录对中，真正匹配的记录对所占的比例；召回率用来衡量所有真正匹配的记录对中，被算法识别为匹配的记录对所占的比例。加强实体识别方法中的约束条件，如提高阈值，可以提高准确率；然而，过强的约束会导致召回率的大大降低。放松实体识别方法中的约束条件，如降低阈值，可以提高召回率；然而，过松的约束会大大降低准确率。为实现准确率和召回率的平衡，提出了 F 测度，即准确率和召回率的调和平均数。

$$F=\frac{2\times\text{precision}\times\text{recall}}{\text{precision}+\text{recall}} \tag{7.3}$$

F 测度采用调和平均数来组合准确率和召回率，而不采用算术平均数。只有准确率和召回率都比较高的时候，F 测度才会比较高，这样可以比较准确地衡量两者的平衡。

7.2　分块技术评价

分块技术的目标是减少实体识别中的记录对比较次数。本小节将介绍四个分块技术评价指标[1]：减少率(Reduction Ratio，RR)、记录对完整性(Pairs Completeness，PC)、记录对质量(Pairs Quality，PQ)以及 PC 和 PQ 的调和平均数。将所有记录对组成的集合划分为匹配的记录对集合 n_M和不匹配的记录对集合 n_N；经过分块技术处理后，得到匹配的记录对集合 s_M和不匹配的记录对集合 s_N，则 $s_M+s_N\leqslant n_M+n_N$。

减少率 RR 用来衡量比较空间的减小率，即分块技术去除掉的记录对占原来总记录对的比例。RR 越大，说明通过分块技术生成的候选记录对越少。然而，减少率没有考虑生成的候选对的质量，即这些候选对包含了多少真正匹配的记录。

$$\mathrm{RR}=1-\frac{s_M+s_N}{n_M+n_N} \tag{7.4}$$

记录对完整性 PC 是指通过分块技术生成的匹配的候选记录对的数目与真实的匹配的记录对的数目的比值。这个指标衡量分块技术是否漏掉了真实匹配的记录对。PC 对应信息检索中的召回率。

$$\mathrm{PC}=\frac{s_M}{n_M} \tag{7.5}$$

记录对质量 PQ 是指通过分块技术生成的候选记录对中，匹配的候选记录对所占的比例。如果 PQ 值较高，说明分块技术是高效的，有效地去除了不匹配的记录对。PQ 对应信息检索中的准确率。PC 和 PQ 的调和平均数 f 可以更综合地反应分块技术的好坏。

$$PQ=\frac{s_M}{s_M+s_N} \tag{7.6}$$

$$f=\frac{2\times PC\times PQ}{PC+PQ} \tag{7.7}$$

7.3 常用数据集

前文中的评估方法都是基于数据集的真实的匹配结果。然而，在实践中，由于种种原因(比如过高的人力成本)，真实的匹配结果非常难以获得。给定一个大小为 n 的数据集，如果进行人工判定，需要进行 n^2 次判断，因此是非常耗费人力的。当前，存在一些数据集已经由人工标注出真实的匹配结果，这样的数据集的规模通常不大。另外，合成的数据集也经常用于实体识别评估，合成的数据集重复率可以人工控制，规模可以比较大。

7.3.1 真实数据集

真实数据集对于评估实体识别方法的价值非常大。真实数据集中存在的错误类型、错误分布以及重复记录分布是合成数据集难以完全复制的。然而，真实的数据集常常是不容易获取或公开使用的，比如客户信息数据由于隐私保护原因不宜公开。

实体识别中比较常用的一个数据集是 Cora 数据集，这是一个引文数据集，抽取自 Cora 学术搜索。Cora 数据集包括了 1295 条引文记录，这些记录描述了 122 篇不同的文章。引文记录的属性有标题、作者、卷、工作单位、会议或期刊、地址、出版商、年份、月份、页码和编辑等。Restaurant 数据集是一个饭店信息的数据集，总共有 846 条饭店记录。每条饭店记录的属性包括名称、地址、城市、类型和电话号码。RIDDLE (http://www.cs.utexas.edu/users/ml/riddle/)网络文件夹中收藏了上述两个数据集。详细信息请见表 7-1。

表 7-1 真实数据集

数据集	大小	匹配对	领域
Cora	1295	17 184	引文
Restaurant	864	112	酒店
DBLP-ACM	4910	2224	引文
DBLP-Scholar	66 879	5347	引文
Amazon-GoogleProducts	4589	1300	电商
Abt-Buy	2173	1097	电商

如表 7-1 所示，Rahm 等提供了四个人工标注的数据集[2]，包括两个引文数据集(DBLP-ACM 和 DBLP-Scholar)与两个电商数据集(Amazon-GoogleProducts 和 Abt-Buy)。引文数据集的属性包括标题、作者、会议或期刊和年份。DBLP-ACM 数据集包括 4910 条记录，其中有 2224 个匹配记录对；DBLP-Scholar 数据集包括 66 879 条记录，其中有 5347 个匹配记录对。电商数据集的属性包括产品名称、产品描述、制造商和价格。Amazon-GoogleProducts 数据集包括 4589 条记录，其中有 1300 个匹配记录对；Abt-Buy 数据集包括 2173 条记录，其中有 1097 个匹配记录对。

7.3.2 数据生成工具

真实的数据集的精确识别结果通常难以获得，因此实体识别的研究者们提出利用合成的数据集来评估实体识别结果。合成数据集通常是基于一个干净的真实数据集，通过一系列操作生成的。UIS 数据生成器[3]基于真实的人口统计数据(美国)信息，属性包括社保号、姓名、地址、城市和邮编。UIS 数据生成器可以控制生成数据集的规模、字段的错误类型和数据分布，生成重复记录的字段错误类型有字符插入、删除、替换和倒置等。在 RIDDLE(http://www.cs.utexas.edu/users/ml/riddle/)网络文件夹中可以找到 UIS 数据生成器。此外，还有 FEBRL 和 DirtyXML 等数据生成器[4,5]，工作原理与 UIS 基本相似。

7.4 本章小结

识别评估是评价实体识别结果的评价准则。本章介绍了实体识别结果的精确性评估方法(包括准确率、召回率及 F 测度)、分块评估方法和常用评测数据集。

参考文献

[1] A survey of indexing techniques for scalable record linkage and deduplication [J]. TKDE，2012.

[2] Evaluation of entity resolution approaches on real-world match problems [C]. VLDB，2010.

[3] Hassanzadeh O，Chiang F，Lee HC，et al. Framework for evaluating clustering algorithms in duplicate detection [C]. Proceedings of the VLDB Endowment，2009，2(1)：1282-1293.

[4] Febrl-an open source data cleaning，deduplication and record linkage system with a graphical user interface [C]. KDD，2008.

[5] Melanie Weis，FelixNaumann. DogmatiX tracks down duplicates in XML [C]. SIGMOD，2005.

‖ 第8章

总结与展望

实体识别是数据质量和数据集成的一个重要方面，它对于后续的数据处理、分析和挖掘不可或缺。实体识别就是把脏数据集中描述相同实体的数据对象找出来。实体识别在日常的生活、生产和科研中有着广泛的应用，包括医疗卫生、人口普查、客户关系管理、网购比价、犯罪及欺诈侦查、关联的开放数据和引文数据库等。普通民众、商业组织、社会公共部门和政府部门等都离不开实体识别技术。实体识别已经具有几十年的研究历史，很多不同的研究领域都出现了实体识别的研究工作，比如统计学、数据库、数据挖掘、人工智能、社交网络和语义网等。经过许多研究者的努力，实体识别的研究成果非常卓著，主要包括数据对象的属性相似度比较算法、分块技术、基于机器学习的实体识别方法、基于关系的实体识别方法以及一些新型的实体研究(如基于众包的实体识别方法、基于时间特征的实体识别方法和隐私保护下的实体识别方法等)以及相应的实体识别的评估方法。本书详细地介绍了当前实体识别的研究情况。

8.1 实体识别研究总结

实体识别中最基本的操作是比较数据对象的属性相似度，利用属性相似度来计算数据对象的相似性，进而判断数据对象是否匹配。由于数据类型的多样性，通常应用多种相似度算法，以适合不同的数据类型和应用领域。在实体识别研究中，典型基于相似度算法，结合机器学习以及数据间关联关系提出相应的实体识别方法，追求实体识别的高效率和高精度。

实体识别的效率是实体识别研究中的一个重要方面，尤其是大数据环境下。由于实体识别的复杂度是平方级的，对于大型的数据集来说，开销巨大。为了提高实体识别的效率，研究者提出了分块技术，分块技术的目标是将不可能匹配的数据对象对移除掉。当前的分块技术包括传统的分块方法和滑动窗口方法、自适应的滑动窗口方法、基于Canopy聚类的分块方法、迭代的分块方法和面向异构信息空间的分块技术（如Meta-Blocking）。相应地提出了分布式的实体识别方法。

实体识别方法典型分为基于模型的实体识别方法和基于算法的实体识别方法。基于模型的实体识别方法是应用机器学习理论进行识别，主要分为两类：基于分类器的实体识别方法和基于概率图模型的实体识别方法。前者将实体识别看作一个分类问题，采用的分类方法包括决策树、贝叶斯分类器、支持向量机、主动学习、误差逆传播、遗传编程等。后者将实体之间的内在联系表达为概率图模型，通过推理和学习来实现联合式实体识别，具体包括基于马尔可夫逻辑网络的实体识别和基于条件随机场的实体识别。

基于算法的实体识别方法中，早期主要采用属性相似度或混合多种相似度的属性加权求和方法来识别重复数据记录，具有一定局限性。在大数据时代，数据呈现关联性，如社交网络、学术合作网络等。典型利用数据间的关联关系来辅助实体识别，以此提升实体识别的准确性。关联数据可以分为两类：多类型关联数据和单类型关联数据。多类型关联数据，如引文数据，包含多种不同的数据对象（如作者、文章、会议等），彼此之间存在依赖关系，当识别出一种数据对象会促进与其关联的其他数据对象的匹配，称之为联合式实体识别，包括基于关系聚类的联合式实体识别方法和复杂信息空间中的联合式实体识别方法。单类型的关联数据，如社交网络，数据对象(如用户)之间的关联强度可以用于衡量数据对象的相似性，从而帮助实体识别，特别是用于解决名字消歧或实体消歧。此类方法有基于社交关系的名字消歧、基于实体关系的实体消歧和基于异构实体关系的实体消歧。

随着数据产生和消费方法的改变，出现了一些新的实体识别需求，包括基于众包的实体识别方法、基于时间特征的实体识别方法和隐私保护下的实体识别方法等。随着互联网技术的发展和众包的流行，研究者提出利用众包来弥补机器算法的不足，比如在包含图片属性的实体识别中，人的判断往往比机器更准确。在现实生活中，很多数据的属性与时间相关，一些属性值会随着时间而演化，如人的职位、雇佣单位等。针对这个特点，研究者提出一些基于时间模型的实体识别方法，从而提高实体识别的精确性。随着时代信息技术和互联网技术的发展，隐私保护成为产业界和学术界的一个热点问题。在涉及个人隐私(如医疗记录、社保信息等)和国家安全(如恐怖分子信息)等领域的实体识别中，需要考虑隐私保护的问题。为此，研究者提出一些基于隐私保护的实体识别方法，如基于数据扰乱、数据转换和数据加密等的方法。

实体识别研究的一个不可缺少的方面是结果评估。针对识别结果精确性，一般利用准确率、召回率和F测度三个指标来评估实体识别方法。针对分块技术，一般利用减少率、对象对完整性和对象对质量等指标来评估实体识别方法。评估用到的数据集包括真实数据集和合成数据集。

8.2　新型实体识别研究展望

8.2.1　基于时间模型的实体识别

已有基于时间模型的实体识别方法是结合演化属性的实体识别，提高实体识别的准确性。已有研究能够很好地解决记录集内的实体演化情况，但还存在一定的不足，未来将从以下几方面展开研究。

1）已有的捕捉实体演化的模型对实体内属性不一致情况进行了深入研究，但是对于实体间属性一致的研究还不够深入。已有方法大多应用实体内属性不一致的模型来间接地捕捉实体间属性一致的情况，而已有捕捉实体间的属性值一致情况的实体间属性一致模型在准确率上还不够精确。另外，由于捕捉实体间属性一致的情况难于捕捉实体内属性不一致的情况，因此，下一步将侧重实体间属性不一致的情况展开深入研究。

2）已有基于时间模型的实体识别方法很少考虑数据源的整体质量。由于数据集本身存在一定的更新延迟，而数据的新鲜程度直接影响训练的时间模型的质量，且影响聚类算法的匹配准确度。下一步应关注数据源对实体识别的影响，例如，保证数据源的新鲜性、数据集的准确性和完整性，进而提高匹配算法的准确性。

3）基于时间模型的实体识别方法主要通过捕捉实体演化的模型来捕捉实体演化的情况，其识别准确性还有待提高。下一步将关注更为精确的聚类算法的研究，来弥补实体演化模型的不足，提升匹配结果的准确性。

8.2.2 基于众包的实体识别

基于众包的实体识别的基本思想是在基于机器进行识别的基础上，结合人的智慧来提高实体识别的准确性。针对混合人机的基于众包的实体识别方法中，在侧重任务生成、任务分解和任务结果处理三方面提出了一些解决方案，但还存在一定的局限性，主要体现在：①主流方法是基于相似度的方法和剪枝技术实现，并不能很好地处理专业领域的具体问题；②目前主要采用细粒度的传递关系辅助实体识别，代价较大；③仅利用众包的返回结果辅助识别候选对，没有有效利用众包的结果信息。本部分将侧重以下几个方面展开研究。

1. 在任务生成方面

能否合理地生成众包任务，关系到处理过程的时间和金钱代价问题。这不仅体现在处理过程中，也希望能为我们的实体识别选择最佳的众包流程。如何将实体识别任务转化成众包判断问题，以及尽可能地提高方法的可扩展性、减少用户对专业数据处理人员的依赖成为研究的重点。侧重采用基于机器学习方法，能够根据不同的特征自适用调整。

2. 在任务分解方面

众包是对问题的人工处理，最终需要交给人工去判断，因此需要考虑人的处理习惯和推理能力。采用合适的任务分解方法和选择合适的粒度，将相似的问题组合在一个任务中，可以有效地整合结果，降低任务难度。侧重结合多粒度如传递聚类辅助实体识别，将灵活而有效地缩减实体识别空间。

3. 在任务结果处理方面

基于众包的实体识别并不是简单的对众包返回结果的整合和使用，更多地体现在任务的顺序选择和结果特征提取、质量控制等过程上。目前的方法还不能很好地对任务结果进行处理。侧重有效利用众包结果数据如抽取众包结果的特征信息等，进一步提高机器识别的准确率。

8.2.3 隐私保护下的实体识别

“大数据”时代下，个人数据不可避免地透明化和网络化。人们在享有大数据共享带来便捷化、精准化的同时，数据安全、个人信息保护也逐渐成为重要隐患。数据安全已成为国家安全的新重点，个人隐私已经成为国家治理的新难题。实体识别作为实现大数据共享的关键技术，研究出如何在保证个人隐私的前提下实现实体识别技术具有广泛而深远的现实意义。然而现有 PPRL 方法的一些局限严重阻碍了其在现实世界中的应用，因此解决现有 PPRL 方法中存在的问题，将其更好地应用到现实世界中已成为未来研究的趋势与挑战，典型如下。

1. 现有 PPRL 方法可扩展性差，无法应用于大数据集

随着科技的进步，数据正以前所未有的速度增长和累积，大数据时代已经到来。数据量巨大是大数据的特点之一，而目前的大多数 PPRL 方法只适用于传统的数据库，降低了 PPRL 方法的实际应用价值。因此，研究出适用于大数据集的方法以及提高方法的可扩展性是亟待解决的问题。为了提高可扩展性，可以在实体识别之前，先利用隐私保护的分块技术减少一部分匹配对数量，来提高实体匹配的效率。因此设计出安全有效的分块技术成为研究重点之一。

2. 现有 PPRL 方法容错性差

现实世界中的数据质量参差不齐，很多记录都存在拼写错误等问题。因此在处理现实世界中的数据时，容错性较差的 PPRL 方法则会丢失较多真实匹配的记录，算法性能大幅下降。为了防止方法容错性差导致的性能下降，平衡好容错性与准确性之间的关系，应侧重研究出高效、准确的隐私保护方法和相似度度量方法。

3. 现有 PPRL 方法还只局限于两个数据源

现实世界中很多应用实体识别的场景都不只局限于两个数据源，例如整合多家医院的患者信息等。而目前对于多方(三个及以上)数据源的研究还处于起步阶段，大多数适用于两个数据源的 PPRL 方法并不适用于多个数据源。而且找到一个可以合理度量多条记录相似度的方法是解决多方 PPRL 问题的关键，但这种方法并不容易被找到。因此，应侧重研究适用于现实世界的多方 PPRL 技术。

8.3 研究挑战

尽管实体识别研究成果卓著，当前的实体识别研究中依然存在一些挑战。

1. 数据缺失处理

在很多数据源中，一些数据对象的某些属性值缺失。造成这种情况的原因较多，比如录入者不知道该属性值或录入者认为该属性没有录入的必要等。部分属性值的缺失，为实体识别的进行制造了困难。整体来说，根据属性缺失的具体原因，可以适当调整相似度计算算法或匹配决定算法的相关细节。

2. 多数据源的识别

在一些特定的应用领域，需要对两个以上的数据源进行实体识别。比如，多个政府部门联合起来侦查欺诈犯罪情况，需要将各个部门持有的数据匹配起来，以便作整体的数据分析和挖掘。在多数据源中，描述相同实体的数据对象的录入时间很可能不同，导致了一些时间相关的属性值的不同(如家庭地址、工作单位、职位或女士的姓氏等)。同时，不同数据源的组织结构和格式很可能不同，数据对象包含的属性也很可能是不相同的，以及加上各数据源对自身数据隐私保护的需求等。多数据源的以上特点为实体识别的进行带来了新的挑战。

3. 分布式实体识别

在大数据时代，数据量达到了 PB、EB 或 ZB 的级别。大数据环境下，面向大数据的实体识别方法仍将是研究者关注的研究点之一。例如，基于 Spark 或 MapReduce 的分布式实体识别。分布式实体识别方法通常基于分块技术，以达到提高实体识别效率的目的。一方面，由于现实世界中数据分布通常都是非均匀的分布，导致分块通常是大小不一，这给分布式实体识别带来一大挑战：负载均衡问题。为了提高分布式结点的处理效率和利用率，需要解决如何更合理地分配子识别任务的问题。另一方面，常用的分块技术通常会生成带冗余的分块，并且在解决负载均衡过程中也会生成新的冗余，因此需要提出有效的冗余去除技术来进一步提高识别效率。

推荐阅读

大数据管理概论

作者：孟小峰 ISBN：978-7-111-56440-9 定价：69.00元

前言（节选）：

陈寅恪先生说："一时代之学术，必有其新材料与新问题。取用此材料，以研求问题，则为此时代学术之新潮流。治学之士，得预于此潮流者，谓之预流（借用佛教初果之名）。其未得预者，谓之未入流。"对今天的信息技术而言，"新材料"即为大数据，而"新问题"则是产生于"新材料"之上的新的应用需求。

对数据库领域而言，真正的"预流"是 Jim Gray 和 Michael Stonebraker等大师们。十三年前面对"数据库领域还能再活跃 30 年吗"这一问题，Jim Gray 给出的回答是："不可能。在数据库领域里，我们已经非常狭隘。"但他转而回答到："SIGMOD 这个词中的 MOD 表示'数据管理'。对我来说，数据管理包含很多工作，如收集数据、存储数据、组织数据、分析数据和表示数据，特别是数据表示部分。如果我们还像以前一样把研究与现实脱离开来，继续保持狭隘的眼光审视自己所做的研究，数据库领域将要消失，因为那些研究越来越偏离实际。现在人们已经拥有太多数据，整个数据收集、数据分析和数据简单化的工作就是能准确地给予人们所要的数据，而不是把所有的数据都提供给他们。这个问题不会消失，而是会变得越来越重要。如果你用一种大而广的眼光看，数据库是一个蓬勃发展的领域"。

推荐阅读

异构信息网络挖掘：原理和方法

作者：孙艺洲 等 ISBN：978-7-111-54995-6 定价：69.00元

大规模元搜索引擎技术

作者：孟卫一 等 ISBN：978-7-111-55617-6 定价：69.00元

大数据集成

作者：董欣 等 ISBN：978-7-111-55986-3 定价：79.00元

云数据管理：挑战与机遇

作者：迪卫艾肯特·阿格拉沃尔 等 ISBN：978-7-111-56327-3 定价：69.00元

推荐阅读

移动数据挖掘

作者：连德富 等 ISBN：978-7-111-56256-6 定价：69.00元

短文本数据理解

作者：王仲远 ISBN：978-7-111-55881-1 定价：69.00元

位置大数据隐私管理

作者：潘晓 等 ISBN：978-7-111-56213-9 定价：69.00元

个人数据管理

作者：李玉坤 等 ISBN：978-7-111-56106-4 定价：69.00元